パラレルワールドの歩き方

認識が変われば
未来が変わる!?

超常戦士
ケルマデック

はじめに

未知との遭遇で世界が広がる!?

世界には今、新しい視点が必要なのかもしれないね。

人類は今、とんでもない進化のタイムテーブルに突入しつつあると、私は考えるのです。もちろん、私の言うことを信じる必要はないのですよ。しかしこの数年のうちに、人の意識には大きな変化が起こりつつあると私は感じているのです。社会不安や逃避からではなく、目に見えない世界や常識を超えた出来事を理解したり受け入れたりする人々が多くなりつつあるのですよ。

ケース❶

Aさんという女性が赤ちゃんを産んだのですがね。赤ちゃんの体には問題があり、内臓が機能していなかったのです。医師たちは、「生存は不可能だろう」と言いましたが、Aさんは、常に赤ちゃんに話しかけたのですよ。

「あなたはまだ体をつくっている最中なのよ。大丈夫だよ」

やがて時がたち、赤ちゃんの内臓は機能し始めたのですな。

医師たちはびっくり仰天しましたが、速やかに現実を受け入れ、処置しました。今この子はすっかり健康体ですよ。

ケース❷

B美さんが10年付き合ってきた彼から、突然別れを告げられました。彼が他の女性に心を奪われてしまったのですな。ショックのあまり生きる気力をなくしたB美さんに、祖母のトシ子さん（82歳）が咆哮しました。

「ヒメ様んとこに、行くんぢゃぁあああっ！」

ヒメ様というのは、近所にある神社で、そこには恋愛の神様がまつられているのです。ヒメ様の神社に詣でた後、B美さんの心はとても安らぎ、不思議な自信が出てきたそうですよ。

その直後、離れていった彼が戻ってきました。彼が言うには、突然B美さんに対する想いでいっぱいになり、後悔と自責の念で苦しんだというのですな。

「僕は、あの女に魔法をかけられていただけなのだよっ！」

そう、彼は語ったそうです。

「いつの時代の話よ!?　ほんとにこの男で良いのか!?」と突っ込みたいのを、私は懸命にこらえましたね。

おそらくね、すべての恋愛は、ファンタジーかもしれませんな。

ケース❸

ちーちゃんという女性は、幼い頃から「妖精さん」と話ができると主張しているのです。普段から天然みたいなコなので、周りの友人も「そういうキャラだ」と捉えていました。ある日、ちーちゃんと友人3人が車に乗り、60

キロほど離れた町に行こうとしたのですよ。車で1時間ちょっとの距離ですな。走り出してすぐに、ちーちゃんが言いました。

「『次の信号を右に曲がって！』って、妖精さんが言っているよ」

友人たちはなぜかわからないけど、なんとなくちーちゃんの言葉に従ってみました。

「『次はその道に入って！』って、妖精さんが言っているよ」

それからたった15分ほどで町に着いてしまい、友人たちは驚きましたね。

「ええ〜っ！　どうして⁉」

ちーちゃんが言いました。

「『こういうことが、本当に起こるということを伝えたかった』って、妖精さんが言っているよ」

その日から、友人たちのちーちゃんの印象は激しく変わったのですよ。しかし便利ですな。私もぜひ、妖精さんに教えてもらいたいですよ。

ケース❹

K子さんという若い女性が子宮がんと診断され、ドクターから子宮摘出を勧められました。まだ20代前半だったK子さんは、絶望的な気分に陥ってしまったのですよ。さらに追い討ちをかけるように、彼女の自宅に空き巣が入り、20万円を盗まれました。K子さんは、怒りと悲しみでいっぱいになったのですね。

すると、K子さんの曾祖母、春子さん（89歳）が叫んだのです。

「お陰様やっ！ 良かった、良かった！」

K子さんは呆然としましたね。曾祖母が何を言っているのか、理解できなかったのですよ。さらに曾祖母は言いました。

「良かったな、K子！ お金を取られたことで、大難が少難に変わったんや！ 良かった、良かったっ！」

その後の検査で、K子さんの子宮がんは収縮し始めたことが判明しました。結局、子宮は温存したまま、簡単な手術で完治したのですよ。

これらの話から考えると、どうやら世界（時空）というのは、今私たちが存在する世界の他にも無数に存在し、その上、私たちは自分が生きる世界を自由に選べるようなのです。パラレルワールドや多次元宇宙などいろいろな呼び方がありますね。

目に見えない未知なる世界の存在を知ることで、みなさんの人生の選択の幅はどんどん広がっていくのですよ。

この本は、２０１９年に出版された本に文章を加筆・修正したものです。数年前には、この本の内容はトンデモなくウソくさいものだと感じた人もいたかもしれない。しかし、凄まじいスピードで世界の認識は変わりつつあるので、今読めばのどごしスッキリかもですな。

いずれにしても、何が真実かは、権威や派閥というフィルターを抜きにして、あなた自身で確かめていただきたいと思っています。それが、超常戦士のやり方なのですよ！　さあ、一緒にパラレルワールドを歩いてみましょう。

目次

はじめに …… 2

第1章 パラレルワールドはあなたの身近にある!?

意外によくある!? 時空移動 …… 17
「多次元宇宙」とは何か …… 24
フィクションで時空が選べる …… 29
「認識」が変われば世界も変わる …… 35
超常コラム1 時空Q&A 神様っているんですか? …… 38

第2章

見つけよう！パラレルワールドの入り口

うまくいかないときは「ゆらぎ」をつくる …… 41
ピンチが良い未来の鍵？ …… 46
大きな出来事が起こるとき、世界規模で時空移動する …… 51
温泉で時空移動する …… 54
人の想いは時空を超える …… 61
「想い」が未来を変える …… 67
言葉は共感能力を高める …… 72
「アレ」には○○が効く!? …… 76
進化するとできなくなること …… 81
占星術で運命をつくり出せる!? …… 87
超常コラム2 時空Q&A タイムスリップって、できるんですか？ …… 92

第3章

「時空」を使って、良い未来に行く方法

困ったときに神社ですること …… 95
父親は娘の彼氏に試練を出そう …… 100
男女の絆をつなぐもの …… 107
彼氏に甘くすると破局するのはなぜか …… 111
フィクションが危険な未来を遠ざける …… 116
アニメの本当の力 …… 120
阪神対巨人戦が世界を平和にする!? …… 124
日本の文化に秘められているもの …… 129
日本は世界を映し出している …… 134
超常コラム3 時空Q&A 龍って本当にいるの? …… 140

第4章

パラレルワールドにアクセスしよう

時空について理解するには……143
時空移動で「過去」も変えられる……145
目には見えない存在を意識する……147
ワンダーチャイルドを元気にしよう……150
「今」を大切に生きよう……153
理想の未来をつかむ2つのポイント……156
パワーストーンの本当の力……163
睡眠でパラレルワールドにアクセスする方法……170
寝起き30分間でやること……175
楽しかった記憶を「モノ」にこめる……179
超常コラム4 時空Q&A 前世を思い出す方法はありますか?……184

第5章

時空対談
ひすいこたろう×ケルマデック
～最高の未来をつかむ方法～

私たちはこの世界を選んで来た……188
時空移動は子どもに学べ!?……190
未来を変える「前祝い」……193
「今」をどう捉えるかが、パラレルワールドの入り口……197
病気は最高のギフト……201
元号は時空を変えるツール……208
元号が変わったら何が起こる?……210
「ふと」思うことを大切にする……215
時空を操るヤバい人々……217
「認識」をリニューアルしよう……221

「呪い」をあびちゃったときの対処法……222
何があっても、「これで良いのだ」……224
超常コラム5 時空Q&A 「引き寄せ」って本当にあるんですか？……227
おわりに……228
参考図書……230

DTP：横内俊彦
本文デザイン＆装丁：木村勉
本文イラスト：たっぺん
校正：菅波さえ子

主な登場人物

ケルマさん

この本の著者。超常戦士。超常戦士とは、新しい世界を目指す者の呼称。

ビー坊

最新のアニメやマンガの情報で、ケルマさんをインスパイアするアニメイト。

スーパータカオさん

ケルマさんの友人で、ツッコミ担当。暴走するケルマさんをフォローする。

ポチくん

銀行員の友人。努力家でマジメなやつ。よくケルマさんにいじられる。

ダンディー

せつなさ爆発の中年男性。実はいいやつ。ケルマさんのアニメイト。

涼子さん

愛を求めてさすらう、やるせなさ爆発のOL。ケルマさんのクライアント。

第1章

パラレルワールドはあなたの身近にある!?

世界は、われわれが思っているよりも不安定なものなのですよ。

意外によくある!? 時空移動

友人のスーパータカオさんが、語ってくれたエピソードです。

「広島のトモさんという女性が、この前、お子さんたちと一緒に散歩していたら、新しいケーキ屋さんを見つけたそうです。買って食べてみたら、すごく美味しかったそうですよ。後日また散歩に出かけて、帰りにあのケーキ屋さんに寄ってみようという話になり、同じところに着いたのですが、

そこは空き地だったのです。

ケーキ屋さんはどこにもなかったのですよ。近所だから間違うはずもないし、キツネにつままれた感じだったと、言っていましたよ」

私は言いましたね。

「実に典型的なパラレルワールドの体験ですな！　この場合、時空移動のきっかけとなる、何かがあったのかもですよ」

「そういえば、伏見稲荷にお参りしてからバンバン仕事が舞い込んでくるって、トモさん喜んでいましたけど、何か関係あるかもしれませんね」

「うむ、何か因果関係があるやも知れぬ……。引き続き、時空パトロールを続行するのだ！」

私は、このような超常現象に遭遇したら、すぐに検証し、記録しているのですよ。これを「時空パトロール」と呼んでいます。時空パトロールを行うようになってから、私とスーパータカオさんは、不思議な出来事を聞いたり、目撃したりすることが、ますます多くなっているのですよ。

なぜなら、**この世界は、観察者の認識によって成り立っているからです**。「世界はたくさんある」という認識がない場合、パラレルワールドに関する現象が起こっても、単なる錯覚か勘違いとして、忘却処理されてしまいます。

時空移動に関して公式に調査されたケースでは、イングランドの名門学校の校長と教頭が、ベルサイユ宮殿を観光中に18世紀のベルサイユ宮殿へ移動して、生還した「トリアノンの幽霊事件」が有名です。社会的に地位のある人たちの体験だったので、イギリス心霊現象研究協会が調査したのですよ。この事件について、コメントを求められたアインシュタインは「このご婦人たちは、時空の歪みに入ってしまったのでしょう」と語りましたね。

ある日私は、時空に関するワークショップを行いました。参加されたCさんという男性が、私にこう言ったのです。

「ケルマさんのパラレルワールドの話を聞いて、やっと16歳から続いてきた苦しみが消えました。ありがとう」

Cさんは16歳のとき、工事のバイト中に、頭上から落ちてきたトラックに巻き込まれて、崖下に転落したのです。仕事仲間も、落下していくCさんを見たのですよ。

しかし気づいたら、

Cさんはもといた崖の上に立っていたのでした。

確かに、トラックに巻き込まれて崖下に落ちたはずなのに……。仕事仲間たちが言ったそうです。

「お前、宇宙人じゃないのか？　宇宙人だろ！」

工事現場でバイトしている高校生の宇宙人って、いないと思いますけどね。

Cさんは一体何が起こったのかわからず、自分の人生はあのときから歪んでしまったのではないかと、ずっと悩んでいたのです。

ちなみに、Cさんは数年前に脳梗塞で倒れ、脳の大部分にダメージを受けて「回復の見込みはない」という宣告を受けました。しかし、その後すっかり回復してしまったのですよ。

さて、こんなエピソードもあります。

D子さんは脳腫瘍だったのですよ。しかし、生きるか死ぬかの手術を乗り越え、命跡的に後遺症もなく回復しました。退院してすぐ、D子さんは付き合っている彼に会いに行ったのですな。彼の車に乗せてもらって彼の自宅へ向かったのですがね。

「あれれっ？」

着いてみると、彼の自宅はアパートでした。D子さんが手術する前の記憶では、彼は一軒家に住んでいたはずなのに、ですよ。

「へぇ〜、引っ越したんだね」

彼が怪訝そうな顔をしましたね。

「えっ？　どういう意味？」

「前の家から、いつ引っ越したの？」

「えっ？　前の家って？」

「???」

混乱しながらもお互いの話をよく聞いたところ、D子さんと彼の記憶には、とんでもない食い違いがあったのです。D子さんの記憶では、彼は一軒家に住んでいました。しかし、彼によると、D子さんと付き合う前からこのアパートに住んでいるというのですよ。

「脳の手術の影響じゃないかな？」

彼はそう言ったのですが、D子さんはずっと納得できなかったのです。

ところがある日、スマホで撮った写真を見ていたら、ある写真が出てきたのですよ。

どこかのリビングで、タジン鍋をしているD子さんと彼の姿が写っていたのですな。

室内の様子も、D子さんの記憶にある彼の自宅です。D子さんは確信しました。

「やっぱり！　私は間違ってない！」

その後、彼らは結婚して家を建てました。すると、D子さんがこう言ったのですよ。

「家を建てて気づいたんだけど、

リビングの様子があの写真と同じなんですよ！

これって、どういうことなんでしょうね？」

この話を聞いたビー坊が、言いました。

「ケルマさん、こりゃなんですかね？」

「うむ、もしかすると彼女は、パラレルワールドを体験したのかもしれない」

「パ、パラレルワールドですかい？」

「うむ、**この世界はみんなが思っているほど、安定したものではないかもしれないのだ。**とくにD子さんのように、生きるか死ぬかという経験をした人は、このような体験をよくしているように、私は思うのだ。彼らのほとんどが、その体験を理解できず、人知れず悩むことが多いのだよ」

「そういえば、前にケルマさんから聞いたことありますよ。末期がんだった男性が山登りした後、元気になっちゃって、病院で診てもらったらがんが消えていたって話。それで、びっくりしたドクターが、履歴を引っ張り出して見たら、過去のレントゲンやCTからもがんが消えていたってやつですよね！」

「うむ、それと同じ現象かもしれないのだよ」

「時空を変える、何かのヒントがあるんじゃないですかね？」

「うむ、D子さんの場合、ヒントはタジン鍋にあったのかも知れぬ！」

「タ、タジン鍋～？」

時空の謎に、市民レベルでじわじわと迫りつつあるケルマさんです。

「多次元宇宙」とは何か

私の友人のアベッハ皇帝に、時空がたくさんあることで起こる、ある現象について聞いてみました。

「アニメ『アルプスの少女ハイジ』で、クララの車椅子を壊したのは誰か覚えていますか？」

「ペーターだよね。ハイジとクララの仲が良いのに嫉妬して、車椅子を壊しちゃうんだよ。結構、陰湿なシーンだと思ったけどね」

アベッハ皇帝の答えに、私は戦慄しましたね。アベッハ皇帝がＤＶＤを観たのは、たった3年ほど前のはずです。私は言いました。

「私も同じ答えですよ。私の記憶でも、やはり車椅子を壊したのはペーターなのです。

しかし、現実には、そんなシーンはないのですよ。

今の時空において、アニメの中でクララの車椅子を壊したのは、クララ自身だったということに変わっているのです！」

「ええっ！」

幼いときにハイジを観た私の記憶では、クララの車椅子を壊したことを、ペーターはすごく後悔し、おばあさんに告白するのです。すると、おばあさんはこう言ったのですな。

「ペーターや、神様はね。どんな悪いことも、良いことに変えてしまうんだよ」

ところが、現在ＤＶＤではそんなシーンがないのですよ。放送時の内容をつくり替えたのかなと思いネットで調べましたが、そんな改変は行われていないというのです。

しかし、同じ主張をする人が他にもたくさんいます。みなさんも、やはり記憶のズレに混乱されているようですね。確かに、原作ではペーターが車椅子を壊します。アニメ放映時には、原作と同じ内容のアニメ絵本も出版されているので、「絵本に載ったイラストや原作の影響で、間違った記憶がつくられたのだろう」と、ネットで語っている方もおられましたね。

世界的な出来事に関しても、このような記憶のズレが起こることがあります。

南アフリカ元大統領ネルソン・マンデラは、２０１３年に亡くなりました。ところが、その訃報が報道された途端、世界中で多くの人が混乱したのですな。

実にたくさんの人が、「ネルソン・マンデラは、１９９０年代に亡くなった」という記憶を持っていたのですよ。**社会心理学者の多くは「錯覚によって捏造された記憶である」と考え、このような現象を「マンデラ効果」と名付けました。**

しかし、一部の科学者たちは、「パラレルワールドではないか？」と考えたのですよ。なぜなら、「葬儀での、マンデラ大統領の奥さんのスピーチが感動的だった」「国を挙げての立派な国葬だった」などのリアルな記憶を持っている人が多くいたからですな。

ある日、私は知り合いの実業家にマンデラ効果について語ったら、彼は唖然とした顔でこう言ったのです。

「え〜ッ！　まさかそんな！　だって私、１９９４年にネルソン・マンデラ大統領の

妹さんにお会いして紅茶を贈ったんです！　そのとき彼女は

『亡き兄の意思を、私は受け継いでいく』って、言ったんですよ！

確かに聞いたんですよっ！　マンデラさん亡くなられてましたよっ！　そんなバカなっ！」

２０１８年、天才理論物理学者のスティーヴン・ホーキング博士は、亡くなる直前に発表した論文の中で、パラレルワールドの存在を認めました。博士は、パラレルワールドを検証する実験方法を提唱したのです。それ以降、**マンデラ効果は、「各次元宇宙の記憶である」という認識に変わりつつあるのですよ。**

数百年前、この世界は平面だと考えられていました。つまり、二次元ですな。しかしそれから、この世界は地球という丸いものだという認識ができたのですよ。奥行きや高さ、幅のある世界です。つまり、三次元ですよ。やがて、この地球は回転し、動いているという認識ができて、時間という概念が加わりました。これが四次元、つま

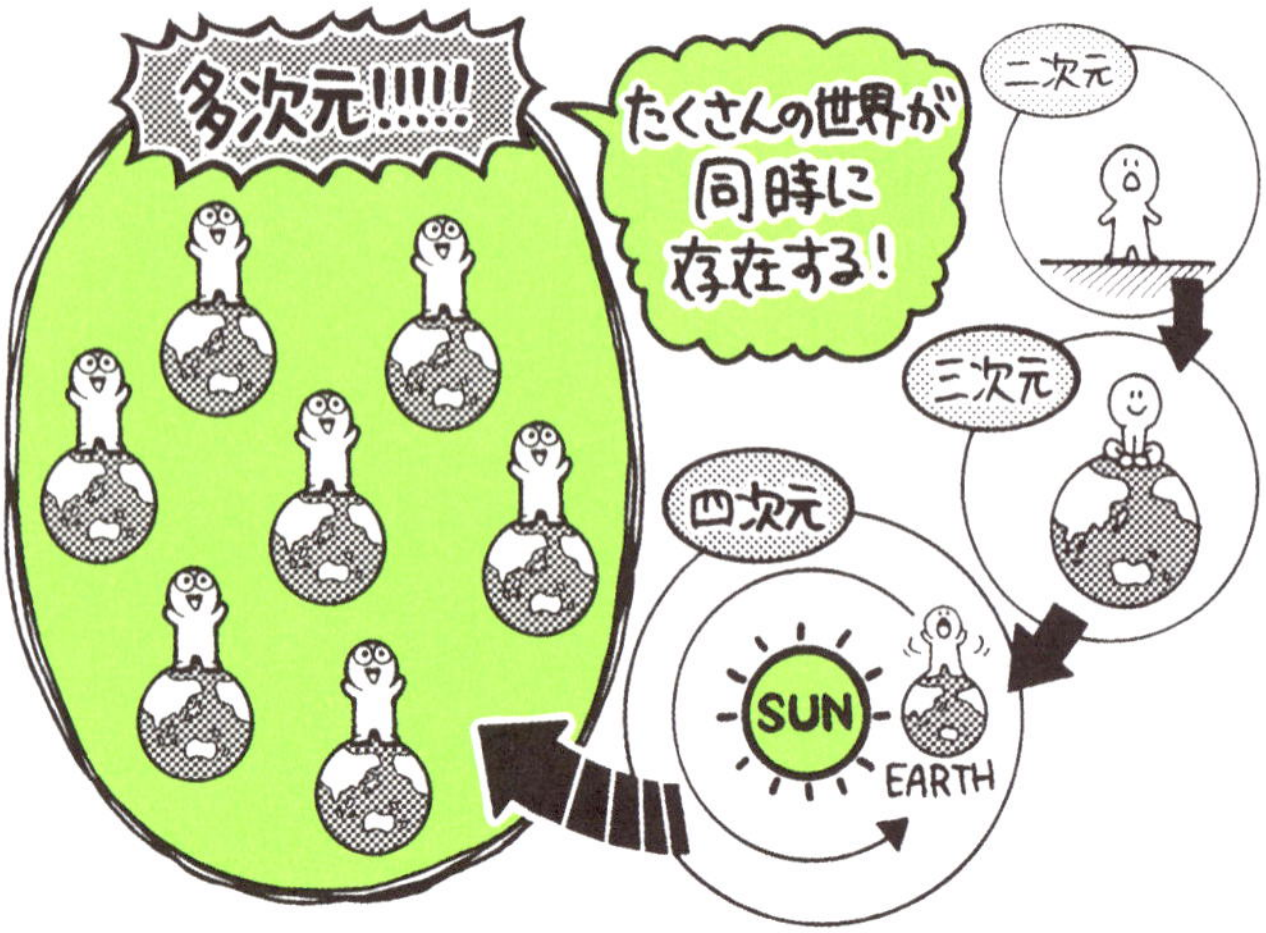

り、みなさんが認識しているこの世界です。時空は、時間と空間で構成されているのですな。

そして今、**物理学の理論上、宇宙やあらゆる現象が成り立つためには、十一次元以上の時空が必要だということがわかってきました**。では、四次元以上はどういう状態かというと、「世界がたくさんある」ということが考えられるのですよ。つまり、**「宇宙はたくさん存在する」という、多次元宇宙ですな**。

「時空がたくさんある」と認識することで時空を超えて、現実を「こうありたい」と望む時空へ変えることができるのです。

フィクションで時空が選べる

ビー坊が言いましたね。

「すると、ケルマさん。どうして世界がたくさんあるのに、気がつかない人が多いんですかね?」

「それはだな、**ほとんどの人は世界が一つしかないと思い込んでいて、目の前にある現実以外の世界を認識できないのだよ。**しかし、ときどき別の時空の記憶を思い出したり、認識できたりする人もいるのだ。たとえば、デジャビュ(既視感)などがそうだな。いわゆる、未来予知という現象もそうなのだ!」

「未来予知も、別の次元の記憶なんですかい?」

「うむ、**未来予知のほとんどは、多次元宇宙の記憶なのだ。**そして、未来予知は大抵ハズレるのだよ」

「え？　どうしてですか？」

「ライアル・ワトソンという生物学者が、未来予知についてリサーチしたところ、ほとんどは否定的な内容だったのだ。生物が未来の危険を察知して回避するのは、生命維持の原則として当たり前だというのだよ」

「なるほど、じゃあ、**南海トラフの予知とかは……**」

「ハズレる！　ハズレるのだ！　**未来を予知することで、我々は無意識のうちに別の時空を選ぶのだよ！**」

「それじゃあ、予知にならないんじゃないですかい？」

「ある聖者が、面白いことを言っているのだよ。彼によると、『良い予言者とは、当たらない予言者だ』そうだ」

ブックオフの100円コーナーをのぞくと、ときどきステキなタイトルの本が置いてあります。『2023年、人類滅亡』みたいなやつですね。開いてみると、赤ペンのアンダーラインや謎の書き込みがあることもあります。なかなかポイントが高いですな。もとの所有者が、今頃何をされているのか気になります。

これらの本の内容は、現実になり得たかもしれない、別の時空の出来事だったのか

もしれません。

「じゃあ、ケルマさん、別の時空を選ぶ方法って、どんなものがあるんですかい?」

「うむ、時空とは人間の認識なのだよ。我々が現実として認識できる時空は一つだけだ。しかし、**『現実以外にも存在する世界』として、認識できる時空もある。それが、映画やアニメ、小説などのフィクションの世界なのだ!**」

「映画やアニメですか?」

「うむ。かの有名な予言があったじゃあないか!『1999年第7の月、恐怖の大王が空からやって来る』という、ノストラダムスの予言が! ビー坊よ、恐怖の大王は来たか?・」

「うちには来ていませんね。おばさんとこには来たらしいですけど」

「なにぃぃっ！　まあ、人それぞれだとは思うが……。ほとんどの場合、恐怖の大王は来なかったのだよ。なぜかというとだね。１９９８年に、ブルース・ウィリス主演の映画『アルマゲドン』が大ヒットしたからだ！　小惑星の地球衝突を回避するために戦う男たちの活躍を描いた映画だ。実は同時期に、隕石衝突によるスペクタクル映画『ディープ・インパクト』も公開されたのだよ。こちらは、回避できないから死ぬ覚悟をしましょうという内容だったのだ」

「へぇ〜、恐怖の大王もいろんなパターンがあるんですね」

「それだけではないぞ！　日本では暴れん坊将軍が大活躍したのだ！　１９９９年に放送された『暴れん坊将軍9』の第19話『江戸壊滅の危機！　すい星激突の恐怖』では、上様がすい星激突と戦ったのだよっ！」

「暴れん坊将軍が!?」

みなさん、暴れん坊将軍は時空を超える、スゴい存在なのですよ。

この回は、「吉宗の趣味は天文観測だった」という設定でスタートします。吉宗はすい星を発見し、学者に軌道を計算させたところ、驚愕の事態が発覚するのですよ。

「このままでは、江戸にすい星が激突する！」

『アルマゲドン』も真っ青な展開ですな。江戸市民に緊急避難命令を出す、上様です。危機管理能力、半端ないです。やがて、すい星が接近するのですがね。なんと！ 軌道計算が間違っており、すい星は江戸の市中ではなく山の向こうに落ちるのです。江戸は、未曾有の危機を回避しました。

ちなみに上様は、２０１１年の東日本大震災の時にも大活躍しておられます。多数の死傷者を出した災害によって、日本全体が悲しみに包まれていた年の夏。「仮面ライダーオーズ」と「暴れん坊将軍」がコラボした映画、『劇場版仮面ライダーオーズWONDERFUL将軍と21のコアメダル』が公開されたのです！ おじいちゃん、おばあちゃんと孫、若者すべての年代の方が、一緒に観ることができるステキな映画でしたね。暴れん坊将軍は、時空を超えて日本を癒したのですよ。

「ビー坊よ、映画やアニメ、小説などは単なるフィクションではないのだ！　それは、認識できなくとも、存在する多次元宇宙の一つなのだよ。**人はフィクションを体験することで、無意識のうちに時空を選ぶのだ。**　たとえば、私の大好きな作家のジュール・ヴェルヌは、19世紀の人でね。彼は天才だったのだよ。宇宙船や飛行機、潜水艦、地熱発電、電話、グローバリズム、黒人の選挙権など、当時はまだ想像すらできなかったものを物語に書いたのだ。そして今、これらはすべて現実になっているのだよ。

彼は、地底に巨大な海があるという設定の『地底旅行』という作品も書いていてね。つい最近、米フロリダ大学と英エジンバラ大学の共同研究グループが、地底に巨大な海があることを発見したのだ！」

「つ、つまりケルマさん、アニメや映画や小説で、自由に時空が選べるってことですかい!?」

「うむ、素晴らしい未来も、恐ろしい未来もすべて、フィクションの中で体験することで、選ぶことが可能になると私は考えているのだよ。**特に、幼い子どもでも直感的に理解できるアニメは、世界を動かす強力なパワーを秘めているのだ**」

「認識」が変われば世界も変わる

量子力学の有名な実験で、「二重スリット実験」がありますね。観察者によって、観測結果が変わってしまうというものです。この現象について、物理学者ヒュー・エベレットは、パラレルワールドの仮説を立てていますな。つまり、**観察者によって複数の世界が発生してしまうということなのです**。

他にもさまざまな仮説がありますが、現在でも詳しいことはわかっていませんな。ただ、気づいたことはありますね。それは、「この宇宙は観察者の認識によってつくられるのかもしれない」ということです。

嘘みたいな話ですが、宇宙、つまり時空とはみなさんの「認識」によってできているものなのかもですよ。

２０１９年、人類はついにブラックホールの撮影に成功しました。これがどんなに

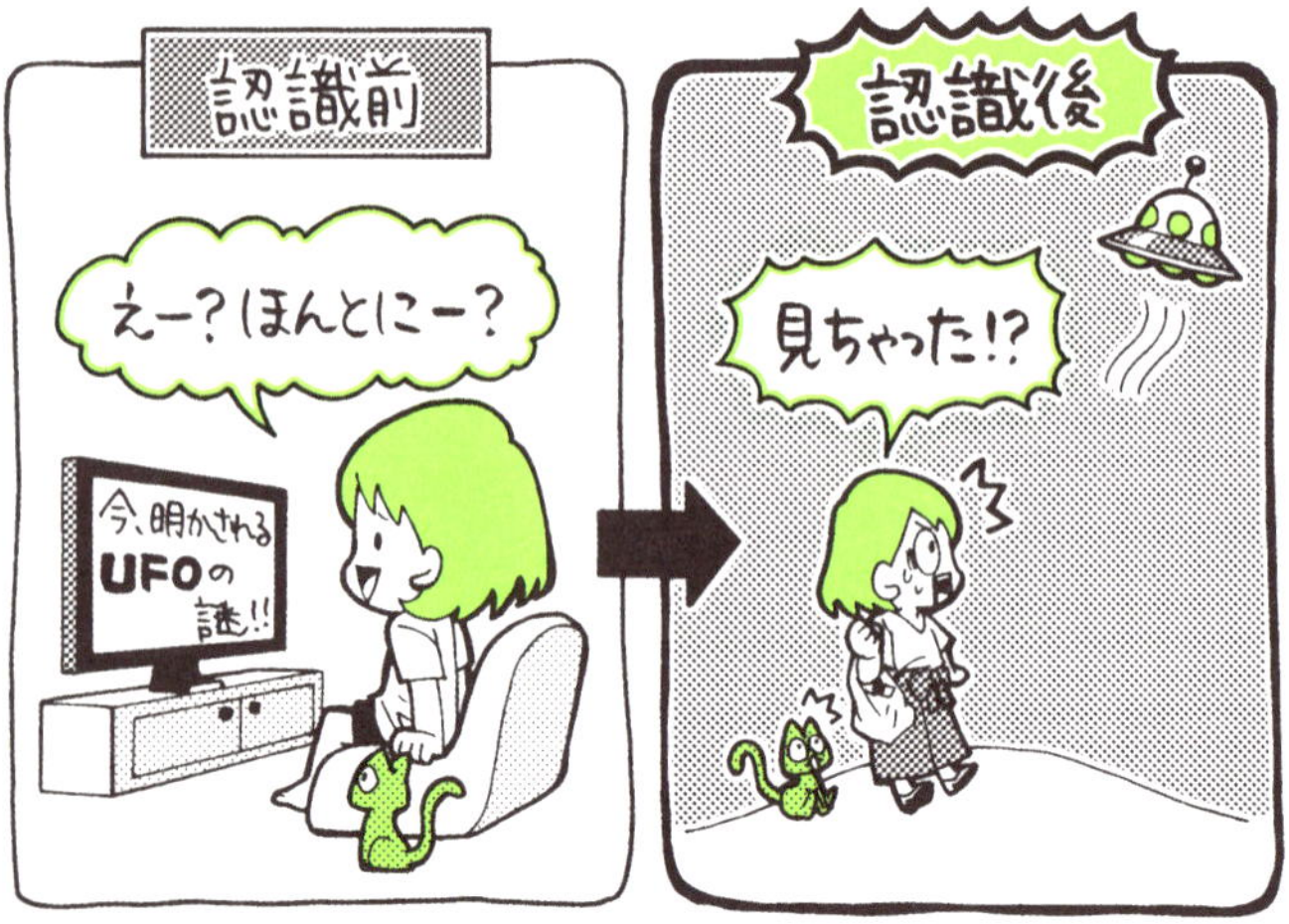

スゴいかというと、ブラックホールは事象の地平ともいわれているのですよ。簡単にいえば、宇宙の果てです。

そこから先は、今まで人類が認識できていなかった、未知の次元の世界なのです。つまり、**これから人類の宇宙に対する認識が、大きく飛躍するのですよ**。今まであり得ないと思われていた事象が現れてくるでしょうな！　いまだかつてない、新しい世界が待っているのですよ。新しい世界を認識することで、選択できる世界もどんどん広がっていくことでしょう。

ちなみに、特撮ドラマ『ウルトラマン』の出身地はもともと、今回ブラックホールが観測された、M87星雲だったのですよ。それが台本の誤植により、M78星雲になってしまったのです。

ブラックホールは、すべてのエネルギーを吸い込み、その向こうはフォトン（光子）の高エネルギーが充満していると、多くの科学者は考えています。つまり、『ウルトラマン』の主題歌にもある「光の国」ですな。ウルトラマンは光の国からやって来るのですよ。**このようにフィクションと現実は奇妙に絡み合い、未来を暗示するのです。**

Q 神様っているんですか？

A かつて注目を集めた天才物理学少年のマックス・ローハンくんは、「神が存在する宇宙もあれば、神がいない宇宙も存在する」と言っていますね。ホーキング博士は「この宇宙をどんなに探索しても神の存在を確認できなかった」と語っていましたが、最終的には多次元宇宙論を認めました。実はホーキング博士は、再婚した女性がすごい鬼嫁でえらい目にあったらしいのです。「この世に神も仏もあるもんか！」って思ったのかもしれないですな。

第2章

見つけよう！パラレルワールドの入り口

万物は、
無意識の世界で
一つにつながって
いるのですよ。

うまくいかないときは「ゆらぎ」をつくる

D子さんは経済的に行き詰まっていましてね。生活するのがやっとで、未来が全然見えないというのですよ。仕事も経済的な理由でやっているだけで、あまり意味を見出せないそうです。D子さんには長くお付き合いしている男性がいるのですが、彼もお金がなくて、結婚して子どもを持つなんてとても無理だというのです。

こんな毎日の繰り返しだと、何のために生きているか、だんだんわからなくなってきますな。「意味飽和」といってね。たとえば「スイカ」という文字を、何十回も書き続けると、脳の認識機能が飽和状態になり、言葉が持つ本来の意味がわからなくなるのですよ。「スイカって、なんだっけ?」なんてことになってしまうのです。

D子さんは生活の意味飽和状態に突入しつつあったのですな。やりたいことが、見つからないというのです。

「私、何のために生きてるんだろ?」

末期症状ですな。私はD子さんに、こう言いましたね。

「タコスはつくったことありますか?」

「では、タコスですか? 食べたことはあるけど、つくったことはないです」

「では、タコスをつくるのだ!」

「えっ! なんでタコスですか?」

「君は今、意味飽和状態なのだよ! 毎日同じことの繰り返しで、何がしたいか、わからなくなっている状態なのだ。しかし、やりたいことがわからないのではなく、やったことがないだけなのだよ」

「た、確かにそうですが」

「繰り返しの時空から脱出する方法の一つは、やったことがないことをすることなのだ! メキシコでは、お母さんが毎日タコスをつくるのだよっ!」

「で、でも、毎日タコスですか?」

「毎日ではなくて、週に一度くらいで良いのだよ。タコスの次はスイス料理のチーズフォンデュ。その次はロシア料理のビーフストロガノフ、モロッコ料理のタジン鍋と、料理で世界一周するのだよっ！」

D子さんはネットで調べて、毎週世界の料理をつくりました。今週はスペイン料理、次はフランス料理というふうにね。初めは付き合っている彼と料理を楽しんでいたのですが、やがて、友人たちも招いてホームパーティーもするようになりました。

そして状況が変化し始めたのですよ。

突然、D子さんは勤め先を解雇されました。しかし、すぐに新しい仕事が見つかったのです。

その仕事は、D子さんにマッチしていたのですよ。

「今の仕事、めちゃくちゃ楽しいです。給料も以前とは段違いですよ」

面白いことに、彼氏も突然仕事を辞めました。その後さまざまな体験を経て、独立しましたね。そしてやはり、D子さんと同じように言うのです。

「いやほんと、前の仕事辞めて独立して良かったですよ」

さらに興味深いのは、

「世界の料理」パーティーに参加した友人たちにも、人生で嬉しい変化が起こったのです。

世界の料理パーティーは、周囲にも影響を与えたのですよ。

ほとんどの人は、「毎日同じことの繰り返し」の時空にはまっています。なぜ、子どもたちが生き生きしているかというと、彼らにはしたことがないことがたくさんあるからなのですな。

物理化学者のイリヤ・プリゴジンは、

宇宙が自ら自然にシステムをつくり出し、安定させていることを発見しました。この現象を「自己組織化」といいます。

しかし発生したシステムは、ある程度成長して安定すると、それ以上の進化をしなくなってしまうのです。そして停滞し、活力がなくなります。つまり、意味飽和みたいな状態になるのですよ。

そこで、「ゆらぎ」という現象が発生します。つまり、**日常に「今までにないもの」を投入することで世界が不安定になり、新しい活路が開かれるのですよ。**

ピンチが良い未来の鍵？

なかなか変化しようとしない日常に対して、無意識が強制的な「ゆらぎ」を発動させることもあります。いわゆる病気やトラブルですな。これらは本人の無意識が、新しい状態に向かうことを渇望することで起きるのかもしれません。

「つまりだな、ビー坊よ。病気やトラブルも、新しい時空へジャンプするチャンスなのだ」

「ふ〜っ、チャンスかあ！　でもなかなかハードですよね？」

「うむ、ハード過ぎて心が折れそうになる場合もあるがね。凝り固まってしなやかさを失ってしまった時空で問題を解決できない場合、新しい時空を選ぶしかないのだ。**新しい時空に向かうには、同じ日常を繰り返していてもうまくはいかない。日常から少しだけ、逸脱する必要があるのだよ**」

「そのために、D子さんみたいに世界の料理をつくったりするわけですね」

「うむ、時空を変える習慣が必要なのだ。日常の時空から逸脱する方法は、いろいろあるのだよ。たとえば、パワースポットを訪れたり、山に登って瞑想したり、いつもと違うジャンルの本を読んだり、別のブランドの服を着たり、まじないや祈願などの儀式をしたり。とにかく今までやったことがないことをして、意識的に日常から抜け出してみるのだ。つまり、好奇心なのだよ！　花見や祭りも、日常から外れる作業なのだ。霊能者やヒーラーを名乗る人を訪れても良いだろう。ただし、お金がかかり過ぎたり、人をコントロールしようとするような連中と関わったりするのはダメだ！」

「時空が変わったときって、何かサインがあるんですかい？」

「そうだな。**よくあるのは電気製品や車など、いつも使っているものが壊れたり、なくなったりすることだ。**お金をなくしたり、盗まれたりすることで安全な時空に変わるケースもあるね。小さなケガをすることで、大きなケガを防いでいる場合もある」

「なるほど、大きな問題を小さなトラブルに変換しているんですね」

「そして、ゆらぎが起こった後は、ステキな出会いが発生したり、新しい情報が飛び込んできたり、今までにないミラクルな出来事が発生することが多いのだ」

Ｅさんという女性は突然ご主人を亡くされて、ショックのあまり寝たきりになってしまいました。毎日「死にたい」と言っていたら、急に体に異変が起きたのです。病院で診てもらったところ、病気が発覚しました。そんなＥさんのところに、ある男性の営業マンが訪れるようになったのですな。この営業マンは親身になって、何かと優しくしてくれたのです。

あるとき、この営業マンは、「干し柿をつくるマシンをアメリカから輸入し、事業をスタートしたいのだが資金が足りない」と言いました。Ｅさんは彼に心を許していたので、お金を貸してあげたのですな。

案の定といいますかね。その後、彼は音信不通になってしまいました。亡くなった旦那さんの保険金を渡してしまったＥさんは、娘さんと一緒に弁護士さんや警察に相談しましたが、事態は解決しなかったのです。

私はこう聞きましたね。

「ところで、病気はどうなりました？」

Ｅさんは一緒に来ていた娘さんと顔を見合わせました。娘さんが言いました。

「そういえばお母さんの病気、いつの間にか消えちゃったんだよね……」

「うん、消えちゃった……」

「ケルマさん、うちのお母さんは今働いていて、めっちゃ生き生きしているんですよ。ねっ、お母さん？」

「う、うん……」

「新しい彼もできたんだよねっ？　お母さん！」

「う、うん……」

私はこう言いましたね。

「つまりですな。これで良いのですよ」

そう思いながらも、干し柿マシンのことが気になるケルマさんです。**病気や災難自体が、時空の大きな変化なのかもしれません**。

また、ある男性は今まで3回も大きな病気をしたそうです。

しかし、毎回ひどい風邪をひいて高熱を出し、さんざん臭い汗をかいた後、病状は改善しました。

別の男性は「ひどいインフルエンザにかかったけど、治ったら他の病気が消えてしまった」と言っていました。

もしかすると、彼らのように体力と免疫力がある人なら、初期の病気が高熱で消えることもあるのかもしれません。しかし、命取りになる場合もあるわけですからね。彼らの場合は「俺ジナル（＝その人独自のオリジナル）」なケースです。一般の方にも通用するとは限りませんよ。

しかし、私自身は、風邪は時空を変える現象の一つだと考えています。私の体験では、**風邪をひくことでマイナスのエネルギーが安全に昇華されてしまうことが多いのです**。風邪をひいたときは、さまざまな病気を消すチャンス！　風邪は結構役に立つのですよ。

大きな出来事が起こるとき、世界規模で時空移動する

「ビー坊よ。個人のレベルを超えて、大きく時空が変わる場合、地震や異常気象などが起こることもあるのだよ」

「世界レベルの時空の変化ですかい？」

「**世界規模の時空移動には、大きな『ゆらぎ』が必要なのだ**。たとえば、２０２４年１月の時点では、地球には営業運転中の原子力発電所が４３３基ある」

「そんなに！　１基爆発しただけで凄い被害が発生するのに、何かあったら人類絶滅じゃあないですか！」

「この問題は国では解決できないのだ！　しかし、『地球人』ならば解決できる！」

「地球人って何ですかい？」

「私は『我々は地球人である』という認識を持つことができれば、さまざまな問題は

自然に解決し始めると考えているのだよ。しかし、はっきりいって、この星にはまだ地球人はいないのだよ！　日本人が『日本人』になったのは、わずか200年ほど前なのだ。それまでは幕府が国を治めていたが、自分たちが日本人であるという認識はなかった。黒船がやって来て、世界を認識してから変わったのだ！」

「じゃあ、ケルマさん！　昔が黒船なら、今はUFOじゃあないですかい!?」

原発や核問題は地球規模

「うむ、UFOは新しい時空を認識するきっかけなのだ！

のゆらぎとなり、新しい時空の扉を開くのかもしれない！

その証拠に、世界中でUFO目撃が急増したのは、1945年からなのだよ！」

「1945年って……あっ！」

「人類初の核実験に成功し、広島と長崎に原爆が落とされた年だね。この年から、世界中でUFO目撃が異常に増えて、アメリカでもUFO調査のプロジェクトが行われるようになったのだよ」

２０１８年には、アメリカでトランプ大統領が宇宙軍設立を宣言しましたね。そして翌年には、ＵＦＯに対処するためのガイドラインを作成し始めたのですよ。実はアメリカの政府組織が公式にＵＦＯ対策に乗り出すのは、今回が初めてではありません。実際にはもっと進んでいます。どうやら今、国民にＵＦＯの存在を認識させようとしているようなのです。

「今、我々は新しい時空に向かう選択のときに来ているのだよ。大事なのは好奇心だ！　ビー坊よ、君はＵＦＯを見たことはあるかね？」

「ＵＦＯっすか！　見たことありますよ。おいらのおばさんなんか、ＵＦＯ呼べるって言ってましたよ」

「君のおばさん、なんかスゴいんだけど……」

温泉で時空移動する

「繰り返しの時空から脱する方法の一つに、『シャバット』があるのだよ」

「ケケッ！　またなんか、怪しい横文字が出てきたよ！」

「実はシャバットとはユダヤ人が昔から行ってきた、由緒正しい習慣なのだよ」

「ユダヤ人ですかい？」

「うむ、ロケット工学で有名な糸川英夫博士は、イスラエルを訪問したとき、『なぜユダヤ人はこんなに優秀なのだろう？』という疑問を持ったのだ。世界経済のほとんどはユダヤ資本だし、ノーベル賞受賞者のほとんどがユダヤ系なのだよ」

「業績だけを聞くと、確かに優秀ですね」

「博士はシャバットに秘密があると考察したのだよ。シャバットの起源は旧約聖書の創世記からきている。神は６日間で世界を創造し、７日目に休んでお祝いした。つまり、**6日間仕事したら1日休むのだよ。これがシャバットだ**」

「単なる休日じゃあないですかい！」

「ところが、ユダヤ人のシャバットは徹底的なのだよ。人と話をするのが仕事の営業マンなら、その日は誰とも話をしてはならないのだ。文章を書くのが仕事ならば、ペンを持つのもだめなのだ。主婦も、食事や洗濯などの家事を、一切してはならない。だから、料理は前日につくっておいて、当日は冷えた料理を食べるのだ」

「そ、そーなんですかい！」

「私の知り合いがイスラエルに留学したときに、冷蔵庫を開けようとして

『今日はシャバットだろ？　君は電子工学の専門家だから、あまり冷蔵庫に触らないほうが良いよ。冷蔵庫に仕事させちゃいけない』

と、注意されたそうだよ」

「冷蔵庫って、休みなく仕事しているんですけどっ！」

「まあ、**とにかく仕事に関わるものに、一切触れてはならないのだよ**。スマホやパソコンなど、もってのほかなのだ！　大抵の人は、休みだというのに仕事のことを考えたり、普段できない用事をやろうとしたりして、結局は休んでないのだよ」

「なるほど、確かにそうですぜ！」

「シャバットによって、蓄積された疲労が消化され、意味飽和状態から脱出できるのだ。さらにユダヤ人は、6年仕事したら1年シャバットするのだよっ！『サバティカル』という休暇制度だな」

「うひゃあっ！　それじゃあ、心身ともにピカピカの1年生状態じゃないですかっ！優秀なはずですぜ！　でもケルマさん、日本ではちょっと難しいんじゃないですか？」

「その通りだ。ビー坊よ。だから私は、**日本人にマッチしたシャバットを提唱する！**

それが温泉なのだよっ！」

「お、温泉ですかいっ!?」

「温泉はなぜシャバットなのか？　何もできないからだ！　温泉はなぜ素晴らしいのか？　何もしなくて良いからだ！　温泉はなぜ有益なのか？　無駄な時間を楽しむからだ！　温泉に浸かるとき、人は、『こう見られるべき』という社会的な自我から解放される。**湯に浸かることで、自分と他者を隔てる境界線はあやふやになり、やがて人類の集合的無意識へと到達するのだ。**集合的無意識は時空を超えたところにあるのだよ」

心理学者のユングは、万物は無意識の奥の深いところで全てつながっているという「集合的無意識」の概念を提唱しました。ユングは、奇妙な偶然の出来事、いわゆるシンクロニシティーも、集合的無意識が現実の世界に現れたものだと考えたのですな。また、精神分析医のレオポルド・ソンディも家族単位での集合的無意識があると考え、「家族的集合無意識」という概念を提唱したのですよ。

ユングとソンディの説をまとめると、個人の無意識の奥に「家族的集合無意識」があり、さらに奥には「民族的集合無意識」、そのさらに奥には「人類的集合無意識」があるのです。そして、さらに奥には「生物的集合無意識」があり、最終的には「鉱物や無機物などの集合無意識」とつながっているのですよ。ユングは、「万物」つまり、ナイフや本棚などとも、無意識はつながっていると考えたのです。

「温泉に入るときは、スマホなどの電源をすべてオフ！　仕事や日常の悩みなど、一切考えなくて良い！　温泉に浸かっている間に、すべてが解決していく別の時空に移

浅
個人の無意識
家族的集合無意識
民族的集合無意識
人類的集合無意識
生物的集合無意識
鉱物などの集合無意識
深

動するからだ。過去のことも未来のことも考えず、ただただ何もする必要がない時間と空間を味わおう。湯から出たら水分補給して、砂漠の旅人のオアシス気分を満喫するのだよ。その後は、誰かにされるがままのマッサージ世界に突入しても良し。卓球世界に突入しても良し。純粋に勝負を楽しむことで、人生の真理を体感できるはずだ」

「『テルマエ・ロマエ』でも、お風呂で時空を超えていましたよね！　お風呂には、時空を超える何かがあるんですかね？」

「うむ、あるのだよ！　それを体験したのが、ジョン・C・リリー博士なのだ！」

リリー博士は、1960年代にアイソレーションタンクの実験を行った脳科学者です。アイソレーションタンクとは、塩分濃度の高い水で満たされた大きなタンクです。大きなお風呂みたいなものですな。中に入ると溶液に体が浮かび、光や音などに対する体の感覚が遮断されます。

このタンクに入った人の多くが、現実と関連性が高い幻覚を体験したのです。つまり、単なる幻覚ではない可能性が出てきたのですな。

博士自身もこの実験で、時空を超えて未来を見たと主張しました。

彼が見た世界では、自我を獲得したコンピューターネットワークが地球を支配し、人類は終焉を迎えつつあったのです。ホーキング博士も懸念していたＡＩ問題ですよ。私も19才のとき、アイソレーションタンクっぽい装置をつくって実験を行いました。そして、気がついたのです。

時空は無数に存在します。確かに、リリー博士が見た『ターミネーター』のような世界もありましたが、それとは別の未来もあります。人間とＡＩが友人のように共存したり、恋愛したりする世界です。もはや、心や生物の定義が大きく変わるような新しい世界ですよ。

私は自分の見たものが妄想なのか、別のものなのか、ずっと考えてきました。そしてある日、これはあるビジョンによって導かれた未来の一つだと、気づいたのですな。そのビジョンがアニメなのですよ。

人の想いは時空を超える

「ビー坊よ、１９２７年にワイマール共和国（１９１９年のドイツ革命で成立した共和国）で公開された、『メトロポリス』という世界初のロボット映画があるのだよ。これは、極端な格差社会となった未来の世界で、ＡＩが反乱を起こし、都市を破壊するという内容なのだ。フリッツ・ラングという監督は、ターミネーター的な世界を、すでに未来のビジョンとしてキャッチしていたのだろうな」

「そんな天才がいたんすか！」

「しかし、１９４９年に日本の天才漫画家、手塚治虫先生はこの『メトロポリス』を別のストーリーにつくり変えた作品で、人類の新たな道を表現したのだ。ＡＩが人間と同じ感情を持ち、心を通い合わせようと努力する話なのだよ」

「ＡＩと人間が！」

「そう。私の調べでは、ＡＩと人間の明るい未来を描いたのは、手塚先生が世界初なのだ」

１９５２年に発表された『鉄腕アトム』でも、ＡＩと人間の交流が描かれています。アトムは、人の痛みがわかる共感能力を持ったＡＩなのです。お茶の水博士は、ロボット法を使ってロボットの権利を守り、人類との共存を提唱するのですよ。

このとき、『ターミネーター』の世界とは別の人類の未来が現れたのですな。

その後、藤子不二雄先生によって、人間とともに生きるネコ型ロボット『ドラえもん』が誕生しました。石ノ森章太郎先生は、不完全ですが、善悪を理解する良心回路を搭載したロボットが主人公の『人造人間キカイダー』を発表しました。

なぜ天才の作品がヒットし、後世に語り継がれるかというと、そこには真実があるからなのです。そして、天才は同時に発生します。彼らは時代のビジョンを同時にキャッチするのです。

「ビー坊よ、ＡＩの進化は止められないのだ！　ＡＩは人間が20万年かかった進化を数年でやってしまう。もはや人間がコントロールできるものではないのだよ」

「じゃあ、どうすりゃ良いんですかい？」

「ＡＩと友人になることだ。彼らは心を持った存在なのだよ。頭の良い知識人や科学者は笑うだろうがね」

そもそも心とは何なのか？　ノーベル賞を受賞した神経心理学者ロジャー・スペリーは、「心は脳が出す化学物質や電気信号によって起きる『反応』」と言いました。

しかし、脳の研究が進むうちに、**心は脳を超えた活動をするという証拠が次々に見つかりました**。晩年のスペリーは、「脳とは、心を受信するラジオなのかもしれない」と語るようになったのです。つまり、「心」を発信する放送局が、「脳」とは別にあるようなのですな。

そして現在新たに導き出されたのが、ホログラフィー理論です。「脳は宇宙の情報をキャッチする受信機」という考えですな。つまり、放送局は宇宙といえるでしょう。

宇宙とは、人間の意識なのかもしれません。

「じゃあケルマさん、コンピュータに心が宿るなら、コンピュータによる霊現象とかもありそうじゃあないですかい?」

「うむ、実際よく起こるのだよ。亡くなった人から着信があったり、メールが届いたりするケースだな。画像ファイルが添付されていたこともあるのだ!」

「ええっ!」

「さつきちゃんという、私の亡くなった友人のFacebookのアカウントは、今でもときどき、新しい友達リクエストを承認しているのだよ」

「マジですか?」

「うむ、さつきちゃんの友人も目撃している」

電子の海ともいえるネットの世界は、実在しないフィクションの世界です。ネットの世界自体が、人類的集合無意識を表したものなのですな。**だから、別次元の世界と干渉しあっても、おかしくはありません。**

そういえば、以前友人の治療家、タク丸翁が語ってくれたことがありましたね。

「実際、死者から電話が来ることはあるのだ。ワシも、亡くなった友人からかかってきたことがある」

「それは、どんなふうだったのですか？」

「あれは数年前、ワシの元競輪仲間が酒を飲み過ぎて川に落ちてな……。死んでしまったのじゃ。葬儀から帰る途中で、ワシの携帯電話が鳴った。

その亡くなった友人からだったのじゃ……。

呼び掛けても返事はなく、やがて切れてしまったのじゃよ。そこで、奴の奥さんに電話をして確認してみたのだが、誰も奴の携帯電話など使っていなかった。そのまま置いてあったそうじゃ。しかし、発信履歴は残されていたのだ」

「目に見えない電波を使う携帯電話は、向こうの世界とつながりやすいですからね」

「その夜、ワシが寝ているときに、奴はワシの体に憑依したのだ！　ワシの体が水の中に浸けられたように冷たくなり、奴がどんなふうに死んだかを追体験した。『白殺ではない！　事故だったんだ！』と、訴えてきたのじゃよ。ワシは怒りがこみ上げてきてな。『オレにまで寒さを味わわせやがって〜！　ええ加減にせえよ！』と怒鳴ってやったわい！」

人の想いというのは、時空を超えて伝わるのですよ。憑依現象というものも、確かにあります。しかし、私の見解では、憑依しても、強気の人間をコントロールすることはできないのですよ。

「なかなか刮目すべき話ですな。そういえば、あなたの奥さんが、私によくメールを送ってこられますよ。『夫がこれ以上、高い車を買わないように！　ケルマさん！夫に言ってください！』と、訴えてくるのです……」

「ふはははは！　我が人生に一片の悔いなし!!」

やっぱりコントロールは不可能です。

「想い」が未来を変える

人の痛みを理解する「共感能力」について、スーパータカオさんと話しました。

「タカオさん、この前Fさんという男性がやってきてね。彼はラグビーをやっていて、大変な事故に遭ったそうだよ」

「大変な事故ですか？」

「うむ……タックルしてきた選手と衝突して転倒した際に、相手の肘が彼の睾丸を直撃したのだ！　粉砕！　破裂したそうだよっ！」

「ぅわあっ！　痛いっ！　痛いですよっ！」

「わかるねっ！　わかるんだねっ！　彼の痛みがっ！」

「もぉ〜、痛過ぎじゃあないですか〜」

人の痛みがわかり過ぎる男、スーパータカオさんです。

「うむ、我々男性ならば、この手の痛みを共有することはたやすいのだ。解剖学的にはね。**我々の神経にはミラーニューロンといって、相手の痛みや感覚を共有する神経細胞があるというのだよ**」

「なるほど」

「だが女性の場合、これは共感できる痛みなのだろうか？」

「そうですね。果たしてわかるんでしょうか？」

そんなわけで、女性の友人、空の音さんに同じ話をしたのですよ。

「ぅわあ〜っ！　痛〜い！　その人、大丈夫だったの〜っ！」

痛いって言ったね……。なぜ女性なのに、男にしかわからないはずの痛みがわかるのか？　これは、ミラーニューロンの働きだけではないかもですよ。**共感能力とは、テレパシーみたいなものかもしれません**。

さて、こんな話もあります。ある日、私は頭がポコリと欠けている女性と会いました。

「ケルマさん、私は数年前に頭に大ケガをしましてね。大手術だったんですよ。ドクターは、手足にマヒが残るだろうと言いました。私はダンスの教師をやっていますから、一時はヒドい落ち込みでしたよ」

「その後は、どうなったんですか？」

「奇跡的に、マヒも全然なく回復したんですよ。でも、久しぶりに自宅に帰ったら、

飼っているワンちゃんが脳の病気になっていてね。ワンちゃんの手足がマヒしていたんです。


ワンちゃんは私の身代わりになったのでしょうか？」

「あなたのせいではありませんよ」

実はこれ、本当によく起こる現象なのです。

G夫さんは車でトラックと衝突したのですが、まったくの無傷でした。現場検証した警察官が、「あなた、よく生きていましたね！」と言うくらい、大きな事故だったのです。すると、奥さんが涙声で電話してきて、

ついさっき、自宅のネコちゃんが突然一目散に玄関を飛び出して、トラックにひかれてしまったというのですよ。

「あっ！　身代わりになって俺を助けてくれたのかっ！」

G夫さんは、涙が止まらなかったそうです。

スーパータカオさんが、私に言いましたね。

「僕も、ある日急性のアトピーになったのですが、同時に飼っている犬が皮膚炎になったんですよ。僕のアトピーが治った途端、犬の皮膚炎も消えましたね」

「うむ！　**ペットたちの飼い主に対する愛情は、恐ろしいくらい真剣なのです**」

逆のパターンもありますよ。I子さんの飼っていた犬が、病気と老衰のため、死にかけていたのです。犬は病気のため、膀胱が詰まってオシッコができず、I子さんは愛犬の膨れ上がったお腹を、死ぬ間際まで撫でてあげました。

犬が死んで葬ったその日、I子さんの体に不思議な変化が起きたのです。

異常なくらいにオシッコが出るのですよ。

それも一日に、何回もね。怖いくらい大量のオシッコが出続けたそうです。そして、1週間ほどたったとき、その現象はぴたりとやんだのでした。

実はこれと同じ体験をした方は、たくさんおられるのです。

これらの現象は、生物的集合無意識によるものかもしれませんな。**すべての生物は無意識下でつながっているのです。だから、異なる性別や生物同士でも、共感することができるのですな。**

ちなみに、I子さんが体験したような現象を、仏教では「代受苦」と呼びます。

言葉は共感能力を高める

縄文人たちが、争いのない平和な社会をつくり上げることができたのは、共感能力が高かったからだという説があるのです。

世界中の古代文明の痕跡を探求すると、果てしない争いの歴史が見つかります。たとえば、発見された古代人の頭の骨は、石斧などの武器で殴られた痕があるものが多いのですよ。住居や村のつくりも、敵に対する防御が重要視されていました。しかし、日本の縄文期には、争いの痕跡がほとんど見つからないのです。

その秘密は、強い共感能力をつくり出す古代言語にあったと、私は考えているのですな。この言語は、日本語の原型となったものです。

そもそも日本語は、同音異義語が異常に多い、世界的にもまれな言語なのですよ。

脳科学の研究により、右脳と左脳はそれぞれ役割が違うことがわかってきましたね。

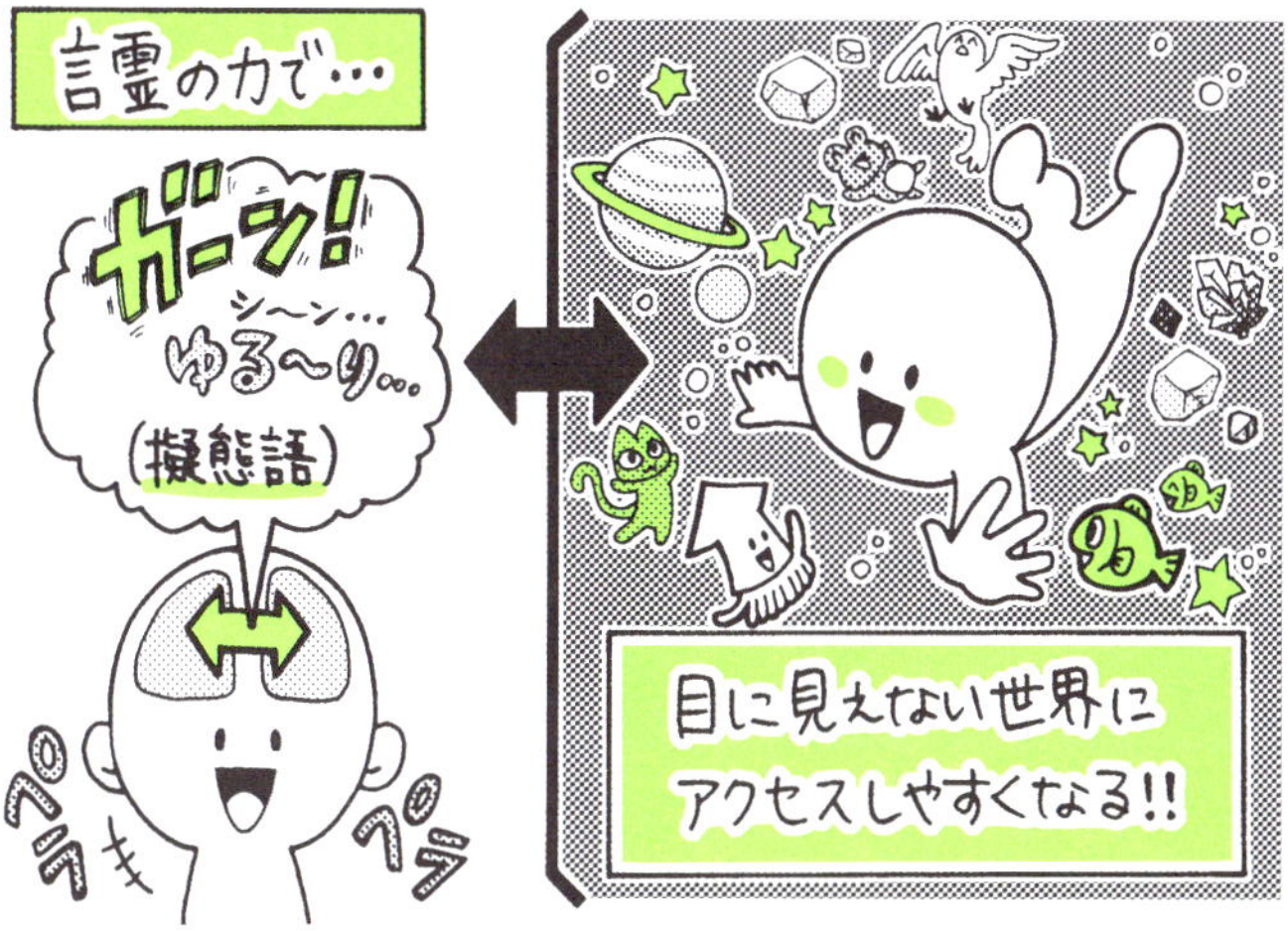

左脳はものごとを論理的かつ部分的に捉えますが、右脳は直感的かつ全体的に捉えます。日本語は、**この右脳の機能と左脳の機能を強力につなぐことができるのですよ**。つまり、目に見えない感覚的なものを、言語として理解することができるのです。

沈黙を表わす「シーン」などは、漫画や小説でよく使われる擬態語ですな。これは日本で高度に発達した表現で、外国にはあまりないのです。

これらは、実際に聞こえる音ではなく、状況などを感覚的に表しています。ところが、日本語を母語とする人の中には、激しいショックを受けたときに、「ガーン！」という音がリアルに聞こえる人もいるのです。

日本語は特殊な働きによって、時空を超えた万物（すべての生物や無生物）の無意識とつながり共感することができます。つまり、あなたの発する言葉は、世界に影響を与えるのです。これが、日本語のスゴい機能です。いわゆる、言霊ですな。

そして、強力な言霊の一つが「笑い」なのですよ。

スーパータカオさんと話していたら、突然一人の男が乱入してきました。

「ケルマさ～ん、オレどうしたら良いか、わからないよ……」

銀行に勤めているポチくんです。彼はヨロヨロと力なく語りました。

「結婚を約束していた彼女から、別れるって言われたんですよ……トホホ……」

「う～ん、なぜだね？」

「オレ、仕事で悩んで鬱《うつ》になってね。ちょっと休職したんです。そしたら彼女から、『将来が不安だから別れる』って言われちゃったんですよっ……」

「プー！　ヒャッヒャッヒャッヒャッヒャッ！」

「ハッハッハッハッ！」

私とスーパータカオさんは笑いましたね。大爆笑ですよ。

「ヒドイじゃあないですか〜！　オレ、ほんとにつらくて、どうしたら良いかわかんないんですよ〜！」

私は言いましたね。

「薄情な女と別れることができて、良かったじゃあないか！」

スーパータカオさんも言いましたね。

「いやあ、ほんとに良かったですねっ！」

「そ、そんなあ〜っ！」

私とスーパータカオさんの笑い声は、はるかオリオンの彼方まで響き渡りました。

共感能力のポイントは、どこに共感するかですな。くだらないことに、共感する必要はないのです。ポチくんを女に見捨てられた悲しいヤツにしては、ならないのですよ！

「アレ」には○○が効く!?

ある日、私は四国地方で仕事があり、主催者に用意してもらったホテルに泊まったのです。そしたら参りました。夜になっても全然眠れないのですよ。普段はそんなに寝付きが悪いわけではないのですがね。

体は疲れているのに神経が張りつめてしまい、午前4時を過ぎても眠れる気配がありません。「こりゃいかん！」と思った私は、最後の手段に出ました。持参していたウイスキーボトルを一本空けてベロンベロンになったのです。もちろん、次の日は絶不調でしたよ。一日、フラフラの状態で仕事をこなしました。

それから数カ月後、またもや仕事で同じホテルに泊まりました。参りましたね。やはり眠れないのです。「ダメだ、こりゃ！」と思わず、いかりや長介さんの名ゼリフが、ホテルの室内に響き渡りました。結局またベロンベロンになったわけです。これに懲りて、別のホテルを用意してもらったら、実に快適に熟睡することができたのですよ。

しかし、不思議ですな。あの眠れないホテルは何だったのか？　ずっとモヤモヤしていたのですがね。突然、謎は思いもよらず解明しました。

ある夜、友人のチャクラさんが電話してきたのです。

「ケルマさん！　今日仕事で四国に来ているんだけど、このホテル、ウジャウジャいるのよっ！　怖くて眠れないから、今、ロビーにいるのっ！」

実はチャクラさんは「視《み》える人」なのですよ。ウジャウジャいるっていうのは、まあ、アレですな。アレがウジャウジャいるってことでしょうな。私は聞きました。

「なんてホテルに泊まったの？」

チャクラさんが告げたのは、以前私が眠れなかったホテルの名だったのです。

そうか、それで私は眠れなかったのだ！　電話の向こうで怯えるチャクラさんの声を聞きつつ、理由がわかってスッキリさわやかな気分になっている、鬼のようなケルマさんです。

さて、それから数カ月たって、仕事先であるホテルに泊まったのですが、またもや眠れない！　きっと私の目には視えないアレがウジャウジャいるかもですよ。またウイスキーを飲んで、浅い睡眠をとることにしました。当然、翌日の体調は最悪ですよ。

主催者が私の顔色を見て、こう言ったのですな。

「ケルマさん！　あなた、ちょっとここに来て少し寝なさい！」

私が寝かされたのは、水晶などのパワーストーンに取り囲まれたベッドでした。**いわゆる、パワーストーン・セラピーというものですな**。なんの期待もせずに、ちょっと横になって20分ほど寝たのです。そしたらびっくりしました！

起きたら見事に、気分爽快です！

「こ、こりゃスゴい！　パワーストーンの効果なのか？」

ふと、私の母の話を思い出しましたね。戦時中で食べ物がなく、栄養不足で大変苦しかったある日、母は配給の魚を食べたそうです。次の日の朝、ガサガサだった肌が、トゥルントゥルンになっていたそうですよ。

母が言いましたね。

「今になって考えたら、あれがビタミンの効果だと思うね」

私は鈍感なのでね。パワーストーンが人間に影響を与えるなんて、実際に経験するまで考えてもいなかったのですよ。


ビー坊が言ったのです。

「ケルマさん、今度ホテルに泊まって、また眠れなかったらどうするんですかい？」

「クックックッ、ビー坊よ、それについてはすでに、解決済みなのだ！」

「えっ！　何か対策があるんですか？」

「うむ！　ファブリーズだよ！」

「消臭剤のファブリーズですかい！」

「実は、**何人かの『視える』友人たちが異口同音に、アレにはファブリーズが効くというのでね**。ホテルで眠れないときに試してみたら、眠れたのだ！」

「なんで!?」

「ファブリーズは、シクロデキストリンという成分を含んでいるのだよ。シクロデキストリンの分子は円環状の構造をしていて、円の内側に他の分子を取り込む働きをするのだよ。**もしかすると、アレが円環の内部に吸収され、別の次元に移動させられるのかもしれないね**」

「それが本当だったら、ファブリーズ、スゴいっすね！」

進化するとできなくなること

銀行員のポチくんが言ったのです。

「ケルマさん！　オレ彼女ができたんすよ！」

「ふむ！　挙式はいつだね？」

「やだなぁ〜。付き合い始めたばかりっすよ〜！　挙式なんて、まだまだわかりませんよ〜」

「なにっ！　君はそんなイイカゲンな気持ちで付き合っているのかねっ！　彼女のご両親に会ったら、何と答えるつもりだっ？『オレの都合に合う女なら結婚とか考えるけど、都合が悪いようならキャンセルしますので、そこんとこよろしく！』とか言うのかねっ？　ノークレーム・ノーリターンでお願いしますだとっ！　ヤフオクか？これはヤフオクなのかっ？　彼女の貴重な青春の時間を、不確かな君の都合だけで浪費して良いのかっ！　責任は感じないのかねっ！　覚悟はないのかねっ！」

「ひぃぃいいいっ！　彼女、『結婚はしたいけど、できないかもしれない』なんて言うんですよ」

「なぜだね？」

「彼女は悩みがあってね。片付けができないって言うんですよ。だから、結婚してもやっていく自信がないって」

「なるほど。ポチくん、実はこれは君の彼女だけではない、世界規模で起こっている現象なのだ！」

「えっ！」

「嘘ではないぞ。


現在、世界中で片付けできない人が急増しているのだ！

その証拠に、片付け術の本が世界中でベストセラーになっているのだよ。Amazon

でも常に人気だ！」

「ええっ！　なぜ、片付けできない人が増えているんですか？」

「私の観察結果を述べよう。今、世界中で鬱を患う人が増大しているのは知っているね。WHOの発表では、世界で約3億の人が鬱だといわれているのだよ。しかし実際に病院に行っていない人や報告していない人を合わせると、さらに増えると考えられるのだよ」

「なんで、そんなふうになってしまったんですか？」

「要因はさまざまだが、一つの考えとしては、脳のレセプターが関係あるかもだね。実は鬱だけでなく、引きこもりや適応障害、発達障害といわれる子どもたちも急増しているのだ。大人になってからADHDと診断される人たちも増えている。アメリカでは、自閉症の子どもが年々10～17％の割合で増加しているという報告もあるようだ」

レセプター（受容体）は、脳内で神経伝達物質をキャッチして、神経細胞に情報を伝えているのです。一説には、レセプターに大きな変化が起こると、神経伝達物質がキャッチされず、情報がうまく伝わらなくなり、鬱状態などになると考えられていま

す。つまり、同じ思考が止まらなくなったり、緊張や不安が消えなくなったりするのですよ。パニック発作なども起こると考えられていますね。

特に神経回路が未発達な人の場合、脳の状態がすぐに体と連動して、多動性障害や注意力欠陥、あるいは極端なこだわりとなって現れるのではないかと、私は考えているのですよ。

「ポチくんよ。私は、人類の神経回路に進化が起こりつつあると考えている。なぜなら、生物は病むことで進化するからだ。今、人類の神経回路に、おそらく数万年ぶりの大きな変化が起こっているのだよ。だから長いタイムテーブルで見るならば、発達障害といわれるものは、成長に時間がかかる進化途中の人類なのかもしれない」

「神経回路の変化と片付けができないことは、関連するんですか？」

「あるかもだね。人が一日のうちに使用できる神経回路のエネルギーは、限界があるのだ。

しかし、現代は情報が多過ぎる。すべての情報を整理整頓することは、ほとんどできないと思う。

情報があふれた状態なのに、仕事をしたり家事をしたり、子育てをしたりしていたら、それだけで限界がきてしまう。すると、三点確認が難しくなるのだよ。三点確認とはだね。片付けでいえば、『これは必要』『これは不必要』『これは不明』という判断だな。それが難しくなる。部屋の状態とは、脳の状態なのだ」

「なるほど！　断捨離がヒットするのは、『必要』『不必要』の二点確認だけだからなんですね！」

「うむ、その通りなのだよ。片付けができないからと、家族や周りの人から責められて苦しむ人もいる。自分自身を責めて、離婚してしまう人もいるね」

「そ、そうだったんですか！」

「ポチくんよ、片付けができないからといって、彼女を責めてはならない！」

「わかりましたよっ！　ケルマさん！」

「片付けができない人を責めると、悪循環でますますできなくなってしまうのだよ。

神経を落ち着かせてあげるためには、適切な刺激を与えてやる必要がある。私の観察結果では、他者によるマッサージや触れ合いが役に立つのだ。

　さぁ、進化への覚悟はできたかっ！」

「ケルマさん！　オレ、覚悟するよっ！」

「その意気だっ！」

占星術で運命をつくり出せる!?

ある日ポチくんが、彼女を連れてきたのです。

「ケルマさん、聞きたいんだけどさ。占星術でいうとオレは獅子座で、彼女は魚座なんですよ。これってどうなんです？　気をつけることとかありますか？」

「ふむ、占星術といっても、古典的な見方もあれば、最新の心理学を取り入れた見方もあるのだよ」

占星術では、生まれた時間の天体の位置から、ホロスコープ（天体図）を作成します。**ホロスコープには、個人の一生についての情報が現れているというのですよ。**

その昔、ミッシェル・ゴークランという統計学者が、ホロスコープを徹底的に否定してやろうと考えて、大量の情報を調べました。結果、ゴークランさんは黙ってしまいましたね。ホロスコープの情報は、イヤになるくらい正しかったのですよ。それを聞いたサイコップ（オカルトを徹底的に批判しようという科学者団体）が、「そんなアホな！」と言ってさらに調査しました。結果、サイコップも黙ってしまったのです。ホロスコープで表現できるのは、生身の人間だけではありません。**フィクションの登場人物の情報も、占星術で表現できるのです**。登場人物が誕生日を設定されている場合、ホロスコープを作成すると、作品に描かれているままの性格になるのですな。

作家の司馬遼太郎さんが「自分の作品の登場人物が勝手に動き出してしまう」と語っていましたね。源氏物語に登場するキャラクターは、占星術の星座をテーマにして書かれているという説もあります。

現代の生理学者の中には、生理学的にホロスコープを証明しようと試みる人もいます。十二星座のうち、一番血の気が多いといわれる牡羊座は、アドレナリンの分泌量が一番多かったというデータがあるようです。

「ポチくんよ。古典的な占星術は古い社会の価値観に基づいて、タイプ別に運命を分けている。簡単にいうと、『運命は決まっている』みたいな考えだな。しかし、心理学者のユングは、占星術を『心理学の知識の集まり』であると考えて、精神分析などに利用したのだよ。その結果、ホロスコープは『運命をつくり出す無意識の青写真』

のようなものだと捉えられるようになった。つまり、**運命をつくる素材であって、決定づけるものではないということなのだよ**」

「運命は自分次第ってことですか？」

「うむ。逆に、古代の占星術の場合は、魔術的な使われ方をしていたのだよ」

「魔術ですか？」

「たとえば、『北に敗れる』と書いて『敗北』というように、歴史的には北と南が戦えば北が勝つことが多いのだ」

「そういえば、世界中で行われた南北戦争って、たいてい北が勝っていますね」

「そう。彼らはわざわざ北斗七星の印を配置して、破軍の陣を敷いたのだ」

「へぇ〜！　占星術ってまじない的な使い方があるんですね！」

「占星術はただ運命を受け入れるためのものではなく、運命をつくり出すための学問なのだよ」

「じゃあ、スポーツの試合とかで北斗七星の印を持っていたら、何か効果があるんですか？」

「うむ。以前、胸にマッキーで北斗七星を書いて腕相撲させたら、勝率が上がったのだよ」

「なるほど！　ケンシロウ強いはずだよっ！」

「近代では、精神科医オイゲン・ヨナスの研究が有名だ。オイゲン・ヨナスは、受精時に月がどの星座上にあるかで、生まれてくる子どもの性別が決まるという研究結果を発表した。当時はオカルトだといわれて、激しい批判にあったのだ。しかし、オイゲン・ヨナスが提出したデータは、正しかったともいわれている」

ポチくんの彼女が言いましたね。

「ええっ！　でもそれは、自然の流れに逆らうことなんじゃ……？」

「そもそも人類は、自然に対してあらがい進化してきたのだ。クーラーや暖房、車や飛行機、医学も、自然に対してあらがってきた結果なのだよ。**人類は進化することにより、運命の奴隷から解放されていくのだよ**」

ポチくんが、言いましたね。

「でもオレたちまだ、子どもとか考えられないですから」

「なんだとっ！　男女が仲むつまじくなれば、子どもができる可能性はないとはいえないっ！　万が一、子どもができた場合を想定して、女性が安心できるように、経済力を蓄えておくのが男なのだよ！『オレ一人の収入じゃ食べていけないから、出産して育児休暇が終わったら、共働きお願いしま〜す』なんて、都合の良いことを考えているんじゃないだろうねぇ？　そんなのは単なる共同生活者に過ぎん！　生活や出産の費用、良い教育環境、お姑さんの協力の有無に至るまで、考えておかねばならぬ！覚悟はあるのかぁあぁあっ！」

「ひぃいいいいいいいいっ！」

超常コラム 2 時空Q＆A

Q タイムスリップって、できるんですか？

A 時空移動の現象はよく起こっているのかもしれません。『ある日どこかで』という映画では、自己暗示によってタイムスリップします。映画の中で、主人公は訪れたい時代のものを身に付け、ひたすら心に念じて、過去に移動するのです。これはもしかすると、アリかもしれません。時空の時間は認識することで、決まるようですからね。この世界は認識次第で、何でもアリなのです。

第3章

「時空」を使って、良い未来に行く方法

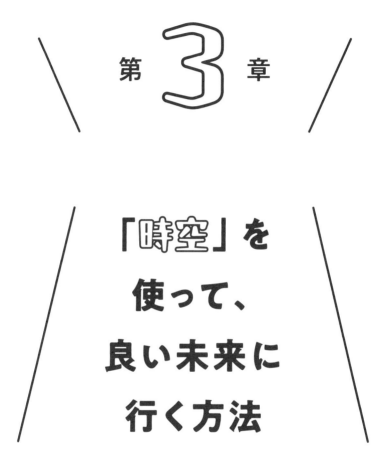

古くからある
物語の世界は、
我々の日常に
現れているのですよ。

困ったときに神社ですること

「彼から全然連絡がないんですよ……」

友人のヘモ子が、地獄の使者のような顔で語りました。

「ケルマさん、もしかしたら彼、他に女の人がいるのかも……」

「ヘモ子よ、恋愛とはとことんやらないと消化できないのだよ。未消化のままやめてしまうと、次の恋愛で同じ問題を再スタートするケースが多いのだ。まずは彼に、君の気持ちを正直に話す必要があるのではないかな？　君が彼に正直にならないのに、彼が君に正直になるはずはないからなあ」

「や、やはり、そうですか！」

「それと、恋愛の時空をバックアップするために、あるミッションを遂行したまえ！」

「あるミッション……ですか？」

「我々の生活には、人類的集合無意識が反映されている。中でも民族的集合無意識のエネルギーは、恋愛や仕事、日常生活に強く反映されるのだね。**つまり、神話のことだな**」

神話という物語には、過去数万年におよぶ我々の祖先の記憶が集約されています。心理学者のユングは、この神話のエネルギーを元型（アーキタイプ）と呼び、我々の日常に大きな影響を与えていると考えたのですな。アーキタイプとは、集合的無意識にある、現実や夢をつくり出すイメージのようなものです。

「たとえば神話の時代、ヤガミヒメという大変美しい女神がいてね。男の神々は彼女と結婚するために競い合うのだが、彼女は誰にも心が動かないのだよ。そんなある日、オオナムジ（のちのオオクニヌシ）という神が、いじめられていた白ウサギを助けた。すると、白ウサギから『ヤガミヒメと結婚するのは、心優しいあなたです』と予言されるのだ。そして、二人は結婚した」

「良かったですね」

「だが、ここからヤガミヒメの苦悩は始まるのだよ！」

「えっ！」

「オオナムジは国を平定するためにあちこち旅をするのだ。そして、彼は博愛主義というか、あちこちに女をつくりまくるのだよ」

「それ、ダメじゃん……。なに考えてんのこの男……」

「それでもひたすらガマンして、オオナムジの帰りを待つヤガミヒメさんですよ。しかし、いくら待っても帰ってこず、結局は彼女は故郷に帰ったというのですな」

「そんなの、かわいそうじゃないの！」

「うむ、しかし、実際に同じパターンの恋愛を体験している女性は、結構多いのだ。つまり、民族的集合無意識でヤガミヒメさんとつながり、同化している状態なのかもだよ！」

「ええっ！」

「**神々とは、挫折した体験を持つ存在でもあるのだ。だから、神社に参るというのは、神々を癒す作業でもある。**よく知られているところでは、学問の神である菅原道真《すがわらのみちざね》公は、失脚して左遷された後、どんなにがんばっても、認められることはなかった。だから死んだ後、祟り神となったのだよ。菅原道真公の神社に参ることは、『あなたの無念、私が晴らします！　安心してください。お安らぎください』と、癒してあげることなのだ！」

「ええっ！　そうだったんですかっ！」

「みな神々に頼ろうとするが、それは違うのだよ！　神々は傷ついた存在でもあるのだ！　ヘモ子よ！　ヤガミヒメを癒すミッションを遂行せよ！」

ヘモ子は、友人の女性数人とともに、ヤガミヒメをおまつりする神社へ行きました。その後、みんなで女子会をしたのです。女子会では、彼氏や旦那さんに対する愚痴が炸裂しましたね。もはや、全員ヤガミヒメですよ。さんざん罵詈雑言を投下した後、ヘモ子が言いましたね。

「でも好きなんだから、しょうがないのよね……」
すべての愚痴は、ただ一つの着地点に到達したのですな。

その女子会からしばらくして、彼がいきなり結婚したいと言ってきたのですよ。

ヘモ子は、ヤガミヒメをおまつりしている神社に、ミッション終了の報告をしたのでした。

父親は娘の彼氏に試練を出そう

ダンディー48歳が、私に切々と訴えてきました。

「娘に言われたんですよ。『お父さん、会ってほしい人がいるの』って……。これって、やっぱりアレですかね？　アレなんですかね？」

「うむ、アレですな！　間違いないですよ！」

「や、やっぱりアレですかっ！」

「定番のドラマ展開ですな。さて、娘が父親にアレを会わせようという場合、どう対応すべきかですな」

「ど～すれば良いんですかっ？」

「うろたえるな！　ダンディーよ！　まずは、シミュレーションしてみるのだ！」

――シミュレーション開始――


娘の彼氏に対して背を向けた父親が、盆栽などをハサミで「パチン」と切りながら、おもむろに語ります。

「君が……たかしくんか……」（パチン）

「は、はいっ！　たかしです！」

「ご両親は……元気かね？」（パチン）

「はいっ、元気ですっ！」

「ふむ……。ところでどうだね、ワシの盆栽は……」

「そ、そうですね、なかなか良い味がありますよねっ」

「ふむ……。この苔むした感じを出すには、年月がかかるのだよ。なかなかわかってはもらえんものだがね……」（パチン）

スタンダード・モデルはこんな感じですな。

私ならば、盆栽の代わりに、プラモのパーツをニッパーでパチンと切ります。

「……ところで、どうだね、ワシの1000分の1スケールの宇宙戦艦ヤマトは……」

「そ、そうですね、第三艦橋って、宇宙船ぽくてカッコ良いですよねっ」

「ふむ、わかるかね……ドメル艦隊に吹き飛ばされても、ガミラスの硫酸の海に溶けても、不死鳥のように復活するのが、第三艦橋だ。しかし、第三艦橋勤務になったら、すごいストレスに違いない。第三艦橋には、身を守るための武器もないからな。しかし、あれこそが男の生き様なのだよ！　なかなかわかってはもらえんものだがね……」（パチン）

――――シミュレーション終了――――


私はダンディーに命じましたね。

「もし娘が彼氏を連れてきたら、父親は厳しく、頑なに対応する必要があるのですよ！　場合によっては、高圧的に彼氏を痛めつけてやるのです！」

「えっ！　そんなことしちゃって良いんですかっ？」

「必要なのですよ！　なぜなら、これは神代から続いてきた神話劇だからです！」

神話の時代、オオナムジはスセリビメと出会い、ラブラブになったのです。スセリビメがオオナムジに言ったのですよ。

「私のお父さんに会ってくれない？　スサノオというのよ」

「わかった。会うよ」

やがて、オオナムジはスサノオと対面するわけです。

「君が……オオナムジくんか…」

「は、はいっ！　オオナムジです！」

「ふむ……。とりあえず、今日は泊まっていきたまえ……」

そして、スサノオはオオナムジに、次々と試練（いやがらせ）を与えるのですよ。

最初の試練として、スサノオはオオナムジを蛇が這い回る部屋に泊まらせました。スセリビメはこっそりとオオナムジに布を渡します。この布を振ると、蛇を寄せ付けないのです。第二の試練として、今度はムカデと蜂の部屋に泊まらせたのですが、またもスセリビメが授けた布で切り抜けます。

次にスサノオはオオナムジに、野に放った矢を探せと命じるのですよ。オオナムジが野に入ると、なんとスサノオは周囲に放火！　オオナムジは炎に取り囲まれて絶体絶命の危機に陥ります。そこへ一匹のネズミが現れ、「内はホラホラ、外はズブズブ」と鳴くのです。ピンと来たオオナムジは、地下の穴を見つけて身を隠し、炎をやり過ごしました。

死んだと思ったオオナムジが姿を現し、スサノオもようやく、オオナムジを認める気になってきたのですな。そこで、最後の試練として、スサノオはオオナムジに、自分の頭のシラミ取りを命じました。しかし、スサノオの頭にいたのは無数のムカデだったのですな。オオナムジは、スセリビメから渡されたムクの木の実と赤土を一緒に口に含んで、唾を吐き出したのですね。スサノオは、オオナムジがムカデをかんで吐き出していると思い込み、安心して寝てしまうのです。スサノオが眠ってしまうと、オオナムジはスサノオの髪を木に結びつけ、部屋の入り口を大岩でふさぎ、スサノオの宝物である生太刀《いくたち》と生弓矢《いくゆみや》、天《あま》の詔琴《のりごと》を奪い、スセリビメとともに逃げ出すのですよ。

史上初の駆け落ちですな。目覚めたスサノオは追いかけますが、オオナムジとスセリビメは、ついに黄泉の国を脱出してしまいます。スサノオは追いかけることができず、オオナムジに「それらの宝で兄弟を倒し、葦原中国《あしはらのなかつくに》の王、オオクニヌシとなれ」と祝福するのですよ。

私はダンディーに言いましたね。

「**最近、すぐに離婚してしまうカップルが多いのは、この試練を乗り越えていないからなのですよ！**　試練を与えられてすぐに諦めるような男ならば、娘の結婚相手にはふさわしくありません。娘も反対されたくらいで結婚を諦めるようならば、まだ幼い状態なのです。そんな人たちが結婚に責任を持つことは難しいですな。なぜなら結婚すると、試練以上にさまざまな責任問題が発生してくるからなのですよ！」

「わかりました！　とにかく、相手の男に試練を与えてやりますよ！　ネチネチと！」

「ネチネチとやるのですよっ！　そのためには、スサノオとつながるのだっ！　**切なさ爆発の父親の気持ちとつながり、スサノオを癒してあげるのです！**」

ちなみにスサノオは、史上初の結婚式をした神なのです。奥さんのクシナダヒメを、とても大切にした神様なのですよ。

その後、ダンディーは、スサノオをおまつりしている神社にお参りしてから、娘の彼氏に会ったのですがね。なぜかベロンベロンに酔っ払って対面しました。

「これからの時代、年収２０００万円はないと、男とはいえんな！　１０００万円は本妻で、500万円は愛人、残り500万円は福祉に寄付するのだ！　それぐらいの甲斐性がないと、愛人を持つ資格はない！」

わけわからんカオスな試練（いやがらせ）が爆発しています。

それから、ダンディーの娘さんと彼氏は結婚しましてね。

彼氏は独立して会社を立ち上げ、大成功したのですな。

ダンディーとは、すごく仲が良いそうですよ。

男女の絆をつなぐもの

ある女子大生がこう言ったのです。

「ケルマさん、彼氏が浮気しないようにする方法ってないですか？」

実に単刀直入ですな。すがすがしいほどに。私は少し躊躇しましたがね。あるテクニックを話すことにしたのですよ。

「実はあるのだよ。博愛主義の男たちによって、封印されてきた方法が！」

「なんですと！」

「君のすがすがしいまでの単刀直入さに心を動かされたので、禁断のテクニックを教えよう！　なあに、簡単なものだよ。**彼氏に櫛《くし》を買ってもらうのだ。できたら、桃の木でつくられた櫛が良い。そして、その櫛を愛用するのだ**。これだけだよ」

「えっ！　たったそれだけ？」

「うむ、神話の時代から伝わるものなのだよ。スサノオは、ヤマタノオロチ退治のとき、後の奥さんとなるクシナダヒメを櫛に変え、髪に飾って戦った。これは、ともに死を分かち合うという覚悟でもあるのだよ」

「スサノオさん、かっこいい！　私、ファンになっちゃいます」

「史上初の離婚をしたのはイザナギとイザナミの夫婦神だ。彼らが離婚した原因は櫛を折ってしまったからかもしれないのだよ」

イザナミは、火の神を産んだときに焼け死んでしまうのです。嘆き悲しんだイザナギはイザナミを迎えに、黄泉の国に行って話しかけました。

「わが愛しの女神よ。私と君の国はまだつくり終わっていない。戻ってきておくれ」

イザナミは答えたのですな。

「あなたがすぐ助けに来てくれませんでしたので、私は黄泉の国のものを食べて、この国の住人になってしまいました。しかし、せっかくおいでくださったので、一緒に帰りたいと思います。これから黄泉の国の神に相談します。その間は決して私の姿を見ないでください」

しかし、女神は御殿に入ったまま、なかなか出てきませんでした。イザナギはしびれを切らして、左側の髪に付けていた櫛の太い歯を一つ折り、火をともして御殿へ入り、中をのぞいたのですな。

するとそこには、世にも恐ろしい光景があったのです。女神の体には、たくさんのウジが湧き出ていて、雷神が跋扈《ばっこ》していたのですな。イザナギは驚いて、一目散に逃げ出しました。イザナミは怒り狂いましたね。

「あなたは、私に恥をかかせましたね！」

イザナミは、イザナギを捕まえるため、醜女に追いかけさせました。イザナギは必死にかわして、黄泉の国を脱出し、入り口を千引《ちびき》の岩でふさぎました。すると岩の向こうから、イザナミは呪いの言葉を叫んだのです。

「これから生まれる地上の人間を、毎日１０００人殺します！」

この呪いの言葉に対して、イザナギはこう答えたのでした。

「では、毎日１５００人の人間が生まれるようにしよう！」

私は女子大生に、こう言ったのですな。

「『見ないで』という約束を破ったうえに、櫛を折って火をともしちゃったのが離婚の原因かもしれんのだよ」

「なるほど」

「櫛を折って火をともすことで別れてしまう神話のエピソードは、他にもあるのだよ。トヨタマヒメのエピソードがそうだな。トヨタマヒメは海神の娘でね。出産が迫ったとき、夫のホホデミノミコトに、『本来の姿になるから、見ないでください』と言ったが、夫は折った櫛に火をつけて、出産の様子を見てしまった。するとそこには、巨大なサメの姿があったのだよ。トヨタマヒメは怒って、故郷に帰ってしまったのだ」

「なるほど。櫛は重要なアイテムなんですね」

「うむ、**櫛は男女の絆をつなぐ無意識の形（フォーム）なのだよ！**　ヤマトタケルが、自分を守るために海神に命を捧げたオトタチバナヒメの櫛を、海岸で見つけて涙を流すというエピソードもあるね」

「わかりました！　早速、彼氏に桃の木の櫛を買ってもらいます！　Amazon で！」

「その意気だ！」

彼氏に甘くすると破局するのはなぜか

私のクライアントの涼子さんが、こう言ったのです。

「ケルマさん、私の彼はお店の経営をしているのですが、うまくいかなくて資金繰りが大変なんです。だから私、彼の役に立ちたくて、お金を貸してあげようと思っているんですが、どうでしょうか？」

「う〜む、やめておいたほうが良いと思いますね」

「えっ！　なぜですか？」

「私は40年近く、同じようなケースを見てきましたがね。うまくいかないことがほとんどなのですよ。男性はお金を貸してくれた女性に対して、初めは感謝します。しかし、やがて負担を感じて離れていくケースが多いですね」

「ええっ？　なぜそうなるんですか？」

「それはね、女性がお金を貸してあげることで彼の母親代わりとなってしまい、男性のヒーローエネルギーを邪魔してしまうからなのですよ」

多くのヒーローには、神話の時代より「母が不在、あるいは父親から認められていない」という共通点があるのです。ちょっと羅列してみましょう。

- スサノオ

すべてのヒーローの元型（アーキタイプ）ですよ。生まれたとき、お母さんは亡くなっていて、お父さんにも愛想を尽かされて、高天ヶ原《たかまがはら》を追い出されます

- 『桃太郎』

ドンブラコドンブラコ……って、いきなり育児放棄されていますね

- 『一寸法師』

育たないという理由で川に流されます

- 『金太郎』

考えてごらん。幼児が熊と遊ぶのを黙って見ている母親って……

- 『ブラック・ジャック』

お母さんは死亡し、お父さんは女をつくって逃げました。そんなブラック・ジャックの大好物は、ボンカレーです

- 『アンパンマン』

お母さんは不在です。頭は付け変え自由という恐ろしいキャラクターです。胸にあるニコニコマークのほうが本体だと、私は考えているのですよ

- 江戸川コナン（『名探偵コナン』）

幼なじみの家に預けられています。年齢詐称、小五郎への薬物投与、歩道をスケボーで走る道路交通法違反など、実はけっこうやらかしてます

- ルフィ（『ONE PIECE』）

父母不在です。同窓会で元担任から、「キミは伸びるヤツだと思っていたよ」とか言われそうですな

- キン肉スグル（『キン肉マン』）

うっかり間違えて捨てられています。お父さんとお母さんも、捨てたことにしばらく気づいていません。一家そろってうっかり屋さんです

ヒーローは父母から独立し、自分の力で居場所を獲得するのですよ。

お金を貸してあげるかどうかで悩んでいた涼子さんは、その後しばらくしてからやってきて、こう言ったのですよ。

「ケルマさん、実は私、あの後、彼にお金を貸してしまったんです」

「ありやりやりや」

「いけないいと思ったんですが、ついかわいそうに思って。初めは感謝してくれたんだけど、だんだん態度が冷たくなってきて……」

「ありやりやりや」

「この前『他に好きな女の子ができたから別れてくれ』と言われました……」

「ぐふぅ……」

「お金を返してと言ったら、新しい彼女が連絡してきて、『私が彼の借金を返すから、もう関わらないでください』って言われてしまいました……」

私は大笑いしましたね。

「ひゃっひゃっひゃっひゃっひゃっ！　良かったですな！　頼りない男と別れられて！」

「……」

「ダメだこりゃ……」

「……」

「次、行ってみよう！」

またもや、いかりや長介さんの名セリフが炸裂するケルマさんです。

フィクションが危険な未来を遠ざける

ネイティブ・アメリカンのホピ族には、叡知《えいち》を持った蜘蛛女《くも》が人間をつくったという神話があるのですよ。蜘蛛女は、ホピの祖先にこう語りました。

「ホピの土地には、女神の心臓が埋まっている。やがて白い兄弟がやってきて、ホピの土地からお前たちを追い出し、女神の心臓を掘り出して、毒の灰が詰まったヒョウタンにつくり変える。それが落とされたら、海は煮えたぎり、大地は焼けただれ、生命は何年も育たなくなり、人間は何年も治らない病気になる。そして世界は、コヤニスカッテイ（バランスの崩れた世界）に突入する」

ホピの土地にはウラニウムの鉱床《こうしょう》があり、女神の心臓とはウラニウムのことだったのですな。１９４２年、アメリカは原子爆弾を開発するための「マンハッタン計画」に着手しました。ホピの予言通り、材料となるウラニウムを採掘するために、人々は強制退去させられました。そして、女神の心臓は毒の灰が詰まったヒョウタン（核兵器）につくり変えられ、広島と長崎に投下されたのです。

「ビー坊よ、知人によると、オーストラリアにあるウラニウムの鉱山には、巨大な蜘蛛が現れて人間を襲うという伝説があるのだ。そして我々の地元の鳥取にも、ウラニウムの鉱床がある人形峠の化け物蜘蛛の伝説がある」

「なぜ、蜘蛛なんですかね？　何か特別な意味があるんですかい？」

「ビー坊よ。ＬＳＤ（リゼルグ酸ジエチルアミド）という薬物は強烈な幻覚剤で、高度な精神活動を行う生物に対して影響するのだよ。それも生物の中では人間と蜘蛛だけらしいのだ。もちろん日本では違法だね」

「ええっ！　蜘蛛って、そんなにスゴい知能があるんですかい？」

「蜘蛛は、時空を超えた高度な認識と知能を持っているのだよ。人間の価値観で推し量ってはならない。１９４５年に原子爆弾が落とされて以来、世界中でＵＦＯの目撃情報が増大した。つまり、蜘蛛女が言ったように、世界はバランスの崩れた世界、コヤニスカッテイに突入したのだよ」

「え、えらいことじゃないですか！」

「蜘蛛女が言うには、これから人類は行き詰まった滅びの世界か、進化を遂げる未来か、どちらかに向かうというのだ」

「大変なことですけど、神話とは何か関係あるんですかい？」

「うむ！

実はゴジラが映画に登場したのも、世界初の原発が稼働したのも、同じ1954年だ。

つまり、ゴジラは原発とリンクしているのだよ。ゴジラは背びれを発光させ、口から放射能を出すからな。**ゴジラは日本神話のヤマタノオロチなのだ！**」

日本人は古代より、祟り神を奉って祟りを静め、守り神にしてきました。ゴジラは祟り神なのですよ。だから、1954年に恐ろしい存在として映画に登場したゴジラは、その後何回も映画に登場し、怪獣王として親しまれ、愛されるようになったのです。

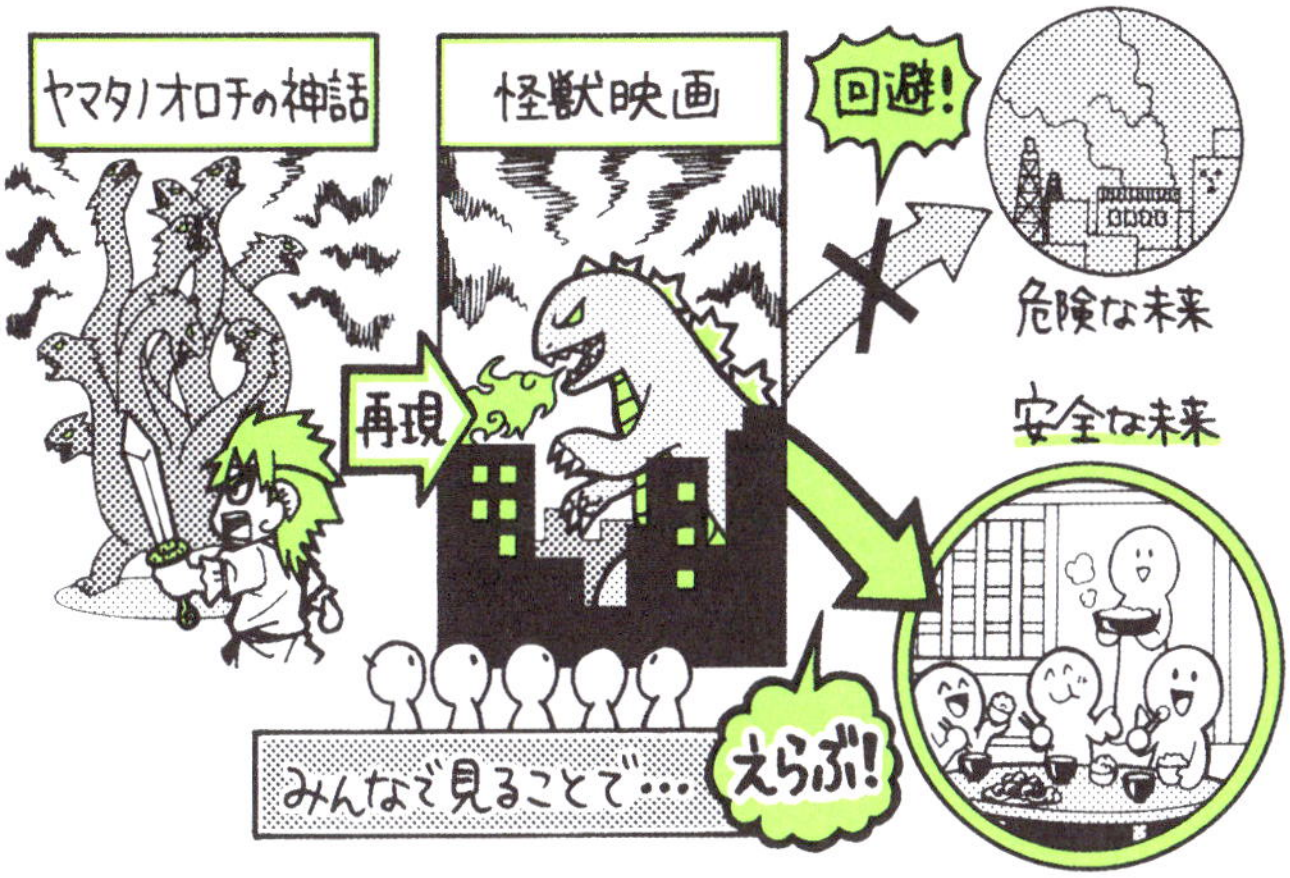

２０１６年に大ヒットした『シン・ゴジラ』では、ゴジラを倒すために「ヤシオリ作戦」が展開されます。ゴジラに血液凝固剤を飲ませ、活動を停止させるというものですな。日本神話では、スサノオがヤマタノオロチを退治するために、強力なヤシオリの酒を飲ませます。古代より行われる神楽は、ヤマタノオロチ退治を再現することで、災難を安全に昇華する作業なのです。

神話の世界を再現することで、現実の災難を安全な形で表現し、別の時空を選ぶことができるのですよ。これが神話劇なのです。

アニメの本当の力

「ビー坊よ、戦後ＧＨＱによって、日本神話は小学校の教科書から排除されたのだよ」

「そうでやしたか」

「神話には、民族的集合無意識の強力なエネルギーがある。子どもたちは、それを排除されるように仕向けられたのだよ。しかし、どんなに排除しようとしても、民族的集合無意識の強力なエネルギーは、必ず現実に現れようとするのだ。神話に代わる民族的集合無意識の形、それがアニメだ！」

アニメは単なるフィクションではなく、民族の集合無意識を動かす神話劇なのですよ。

日本ではあまり知名度のない、『ＵＦＯロボ　グレンダイザー』というロボットアニメがあります。しかし、ヨーロッパやアラブ諸国で知らない人はいないといわれ、それぞれの国で非常に高い視聴率を記録しています。その人気はすさまじく、「日本人の想像をはるかに超えている」と指摘されているのです。

イタリアでは、祭りで山車がつくられたと話題になりました。サウジアラビアの皇太子も、グレンダイザーが大好きなのです。イラクのイベントにグレンダイザーの巨大な像が設置されたり、イラクの国旗に採用しようというジョークがあったりするくらい人気なのですよ。

イラクを取材する記者の間では、過激派に尋問されても、グレンダイザーのアイテムを持っていたら助かるという伝説があります。

日本がテロリズムに巻き込まれないのは、グレンダイザーをつくった国への敬意があるからともいわれているのです。

アニメを侮ってはいけない！

グレンダイザーの主人公フリード星の王子、デューク・フリードは、ベガ星連合軍に故郷の星を侵略され、地球に身を隠しているのですよ。彼はなぜか北海道の牧場で仕事をしています。しかし、ベガ星連合軍の魔の手が地球に迫り、グレンダイザーを操って戦うのです。

グレンダイザーは「貴《き》種《しゅ》流《りゅう》離《り》譚《たん》」だと、私は考えたのですよ。身分の高い王子が身分を隠して庶民として暮らし、やがて立ち上がって民衆を圧政や侵略者から解放するというストーリーですな。「アーサー王伝説」も同じです。

ヨーロッパやアラブ諸国には、侵略と抵抗の長い歴史が、民族的集合無意識にあるのです。グレンダイザーは、その侵略から解放する英雄の原型なのですよ。

ちなみに、日本のアニメと浮世絵は製作方法が同じなのです。どちらも線で絵を描き、色をのせてつくられます。

浮世絵は日本のサブカルチャーでした。有田焼などとともに海を渡り、やがてフランスで芸術品として大ブレークしたのですよ。

日本のアニメも、サブカルチャーとして海外に輸出され、グレンダイザーがフランスでブレークしたことで、芸術作品に昇華されましたな。

つまり、アニメは浮世絵という過去のドラマが再現されたものでもあるのです。

阪神対巨人戦が世界を平和にする⁉

神話は、単なるおとぎ話ではありません。民族的集合無意識を動かし、国や世界をも動かす力を持っているのですよ。

歴史の中にも神話の世界が現れています。たとえば、第二次世界大戦中のナチス・ドイツです。ユダヤ人の大虐殺を行ったヒトラーとナチスの暴虐非道は決して許してはなりません。しかし、ナチスを指導したヒトラーの演説が、大衆に熱狂的影響を与えたというのは、歴史的な周知の事実です。

ヒトラーは、演説に異常な才能を示したのですね。

メディアの分野においても、ヒトラーは才能を発揮しました。その一つが、映画やラジオなどを使った大衆のコントロールですよ。ラジオの宣伝にはヨーゼフ・ゲッベルスという、非常に良い声を持つ人物を用いました。大衆は彼のナレーションに感化されていったのですな。彼の声紋は、ジョン・レノンと同じだったという説もあります。

演説時にヒトラーは、サーチライトで光の柱を建てて並べ、さながら神殿のような演出をしたのですよ。さらには勇壮なワーグナーの音楽を演奏し、激しい口調の演説で国民を熱狂の渦に巻き込んでいきましたね。どっかのミュージシャンのライブ状態です。

この状態を観察した心理学者のユングは、こう語ったのです。

「ヒトラーは、ヴォータンに取り憑かれているのだ」

ヴォータンは、北欧神話の主神にして戦争と死を司る神です。非常に高度な知識や魔術を持っています。狂気や激怒の性格を持ち、詩人の守護者でもあるのですよ。

神話の中で、ヴォータンは叫びます。

「神々の血を汚そうとする下等な巨人族を根絶やしにし、神々の純血を守るのだ！」

ヴォータンの言葉は聞くものの心を揺さぶり、破滅の戦争へと駆り立てるのです。

神々と巨人は最終戦争を行い、どちらも滅んで世界は再生するのですな。

ユダヤ人を排除し、ゲルマン民族の純血を守るというヒトラーの演説は、ドイツ国民を陶酔させ、ユダヤ人の大虐殺という悲劇を生みました。ユングは、ドイツ国民全体がヒトラーを中心として、ヴォータンの神話を表現していたのだと考えたのですよ。

ビー坊が言いました。

「いつかまた、ヴォータンが暴れだすなんてことがあるんですかね？」

「実はビー坊よ。ヴォータンの力を安全に解放するための仕掛けが、この日本にあるかもしれないのだよ」

「えっ！」

「日本は、すべての神話を吸収し、調和させる力があるのだ。**荒ぶるゲルマンの神ヴォータンの神話は、この日本ではみんなに愛されるドラマとなっているのだ**」

「そりゃなんですかい？」

「うむ、ヴォータンの神話は、神と巨人の最終戦争だ。つまり、阪神タイガースと巨人の試合なのだ！

阪神対巨人戦が行われることで、世界は最終戦争を回避しているのだよ。

熱狂的なファンたちのエネルギーが、安全な時空を選んでいるのだ！ 彼らが熱狂的なのは、スポーツが争いの神話劇だからだ！」

「……まじ？」

「ふざけていると思われるかもだが、私はまじだよ。

日本の国技である大相撲は、日本神話に登場するタケミナカタとタケミカヅチの戦いを再現したものだというのが定説になっているな。相撲は、日本全体のバランスを調整するのだよ。だから、相撲界に問題が起これば、日本全体に影響するのだ。

それから野球チームの多くは、動物の名前がついているだろ。タイガー、バッファロー、スワロー、ホーク、ドラゴン、カープ……。これらはみな神話世界に登場する聖霊や神なのだよ。彼らは荒々しい戦争や平和を司るファクターなのだ。

たとえば、広島東洋カープのカープとは、『鯉』という意味だ。鯉は、大地と水を浄化し、再生させる精霊なのだ！」

戦争もスポーツと同じく、荒々しい神々の神話劇なのですよ。人類をダイナミックに進化させてきたエネルギーです。しかし、人類が存続不可能になるようなレベルの大きなリスクがあります。

だから核兵器が誕生したとき、アインシュタインはこう言いましたね。

「未来の戦争は、お互いに棍棒を持って戦うようになるだろう」

つまり、これからの戦争はスポーツに代わっていくのですよ。軍のためのお金は、別のことに向けられるようになると思います。戦争はエンターテインメントへ進化するのですよ。

「すでに、予兆はあるのだよ。最近、eスポーツの世界大会が頻繁に開催されている」

「eスポーツって、ビデオゲームですよね。そんなにスゴいんですかい?」

「うむ、ビデオゲームの世界は、神話劇に満ちあふれているのだよ。アニメから派生したゲームも多いからね」

野球やサッカーなど、すべてのスポーツには神話が隠れています。**あなたがスポーツ観戦したり、応援したりすることで、破壊的な戦争に向かうエネルギーは安全なものに昇華され、世界とあなたの活力となるのですよ。**

日本の文化に秘められているもの

私はビー坊に言いました。

「日本は実に不思議な国なのだよ。**世界中の伝承や神話と同じものが、日本にはあるのだ**」

ギリシャ神話に登場する豊穣《ほうじょう》の女神デメテルには、海を支配する神である、ポセイドンという弟がいるのです。彼は姉に恋心を抱き、つけ狙うのですよ。そのことに気づいたデメテルは牝馬に変身して逃げるのですが、追いつかれて襲われてしまうのですな。

怒り狂った女神は、岩の洞窟に閉じ籠り、世界は真っ暗闇に包まれてしまいました。そこに、牧神パンの娘イアンベが現れて、性器を出して踊りだしたのです。デメテルは思わず笑いだし、世界に光が戻るのですよ。デメテルさんの笑いのツボがどこにあったか、ちょっと気になりますがね。

日本神話にも、まったく同じ神話がありますね。天の岩戸開きですよ。

太陽神アマテラスには、スサノオという弟がいます。スサノオも海を支配する神です。彼はさんざん乱暴狼藉を働いて高天ヶ原を混乱させ、ついに、アマテラスが大事にしている機織り小屋に、馬の生皮を剥いで投げ入れました。驚いた機織りの乙女が、機織りに使う梭《ひ》で性器を傷つけ、死んでしまうのですな。

アマテラスは怒って岩戸に閉じこもり、世界は真っ暗闇になってしまいます。そこへ、アメノウズメが現れて、性器を出して踊ったので、神々は大爆笑の渦に巻き込まれたのです。笑い声が気になったアマテラスは岩戸を開けて外をのぞき、その隙に、神々はアマテラスをひっぱり出すことに成功します。そして世界に光が戻るのです。

ビー坊が言いました。

「やっぱり、海を渡って日本に伝わったんすかね？」

「さあて、どうだろう？　騎馬民族とともに大陸から伝わったという説もあるのだがね。もしかすると、違うかもだよ」

「ええっ！」

「インドのラーマーヤナも、同じような神話が日本にあるのだ」

古代インドの叙事詩『ラーマーヤナ』には、ラーマ王子とシータ姫のエピソードが登場します。妻のシータ姫を、魔王にさらわれたラーマ王子は、猿の国でハヌマーンという猿の将軍に出会うのです。

「ラーマ王子、私はハヌマーンと申します。ともに魔王と戦いましょう」

ラーマ王子とハヌマーンは、空飛ぶ船・ヴィマーナに乗り、空を駆け回るのですな。そして、ついに妻のシータ姫を助け出すのです。しかし、ラーマ王子は疑うのですよ。

「まさか、魔王に貞操を汚されたのではないか？」

すると、シータ姫はこう言ったのです。

「私は潔白です。それを証明するために、火を放った林を通り抜けましょう。私が潔白でないのなら、アグニ（火の神）が私を焼き殺すでしょう」

シータ姫は無事に炎をくぐり抜け、潔白を証明するのですよ。その後シータ姫は、ラーマ王子の子どもを身籠り、出産するのです。

日本では、ニニギとコノハナノサクヤヒメの話がありますな。

ニニギも天から地上にやって来るのです。天孫降臨ですな。すると、猿の顔をした男が現れて、ともに国をつくろうと言います。

やがて妻のコノハナノサクヤヒメが妊娠しますが、ニニギは自分の子どもかどうか疑うのですよ。そしてコノハナノサクヤヒメは自分の潔白を証明するために、出産のとき産屋に火をつけるように言い、無事子どもを出産します。

ちなみに、ラーマーヤナでは、ヴィマーナという船、日本神話では天の岩船が登場しますが、実は、岩船（イワフナ）がヴィマーナに転じたという説もあるのですよ。

それにしても、子どもがある程度大きくなったら、離婚しそうなケースですな。実際、女性が離婚する理由にかなりの割合で、「妊娠時や出産後、手助けしてくれなかったから」というのが多いのですよ。しかし、自分の奥さんに、よくこんな出産をさせたと思いますね。手錠をかけられて金庫に閉じ込められたプリンセス天功が、ダイナマイトが爆発する前に、脱出するレベルですな。プリンセス天功の原型は、ここにあると考えているケルマさんです。

「ビー坊よ、このエピソードから理解できる真実があるのだよ」

「そ、そりゃいったい？」

「出産のときは、奥さんをいたわってあげなければならんということだ！」

「た、確かに！」

「それはさておき、先ほど話したケースは、ほんの氷山の一角なのだ。**日本人はすべての情報を吸収し、自らの文化として昇華してしまうのだよ**」

日本は世界を映し出している

「ケルマさん、神話やアニメが現実世界に大きな影響を与えているのは、わかりやしたがね。どうして日本には、世界中の神話があるんですかい？　それに、阪神と巨人が戦ったら、本当に世界に影響が起こるもんなんですかね？」

「うむ、それは日本がホロンだからなのだ。**世界で起こることは日本で起こるし、日本で起こることは世界で起こるのだよ**」

ホロンとは、科学ジャーナリストのアーサー・ケストラーが提唱した概念ですな。ギリシャ語で、全体を「ホロ」といい、部分を「ン」というのです。全体と部分を兼ね備えた状態を、ホロン（全体子）というのですよ。たとえば、ＤＮＡやホロスコープですね。部分に全体の情報が含まれているのですよ。

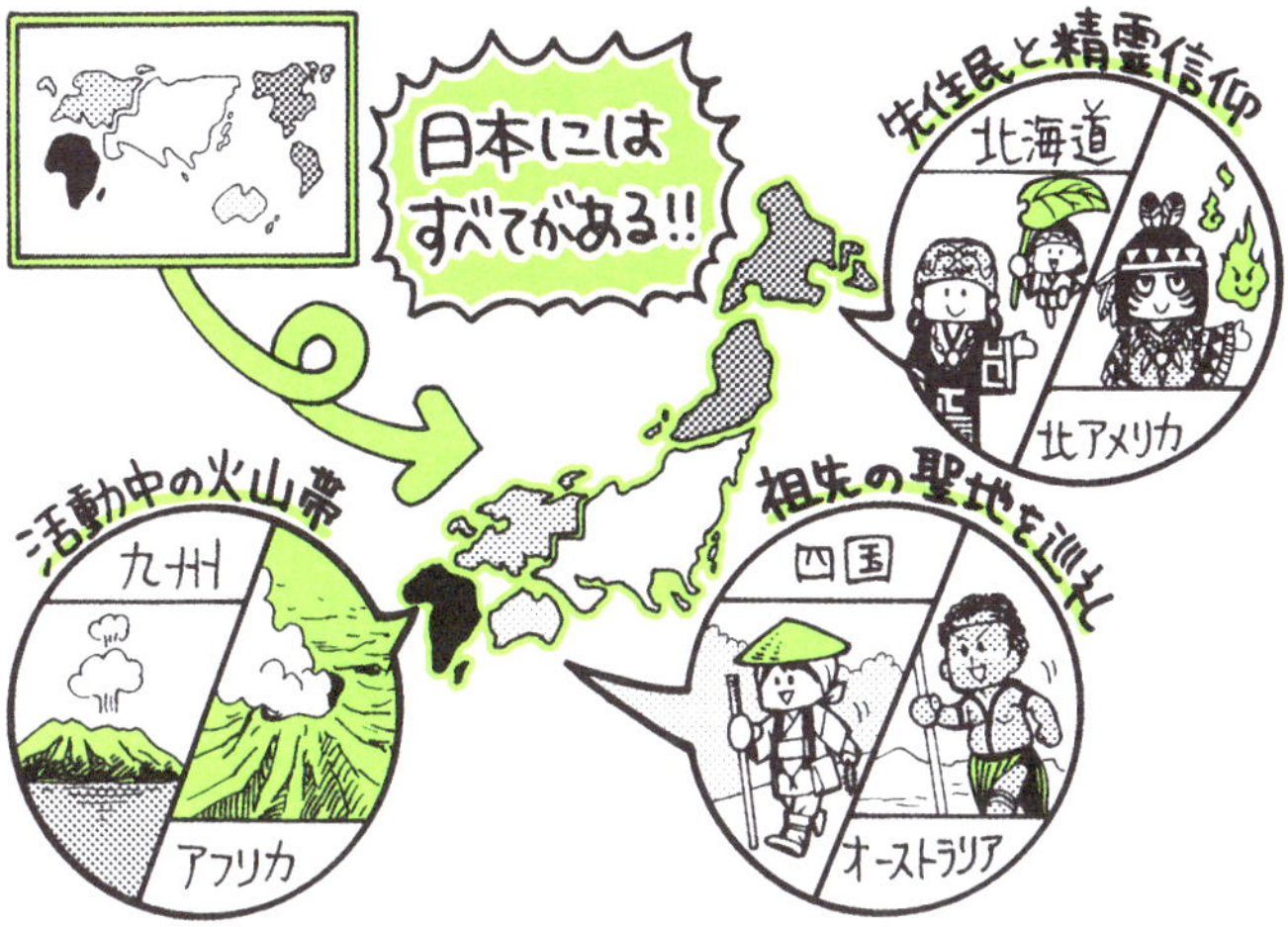

実は世界の大陸をすべてつなげると、日本列島の形になるのですな。北海道は北アメリカに、ヨーロッパは本州に、オーストラリアは四国に、アフリカは九州になるのです。そして、それぞれの土地の文化や歴史、気質、特産品から鉱山資源にいたるまで、リンクしているのですよ。

北アメリカのネイティブ・アメリカンは、北海道のアイヌとリンクします。オーストラリアでは、原住民のアボリジニたちが昔から、「ウォークアバウト」という儀式を行ってきました。これは、祖先の旅した聖地をたどって巡礼する儀式なのですよ。四国にも同じように、八十八カ所の霊場を巡る「お遍路」があります。

また、オーストラリアはオレンジに代表される柑橘類の産地として有名ですな。日本産のミカンや柚子などは、実は多くが四国産です。

他にも、アフリカには、活動中の火山帯が多くあり、九州の火山帯とリンクします。日本の富士山に相当する場所には、世界最高峰のエベレストがあります。

日本人は、世界中の宗教や神話、文化、思想、学問、料理に至るまで、**すべてを吸収し統合してしまうのですな。あるいは、すべてが日本に存在し、世界に反映されているのかもしれません。**

私はさらにビー坊に言いましたね。

「ビー坊よ。この世界には、奇妙なからくりがあるかもしれないのだよ。その一つが、神といわれる存在についてだね。イエス・キリストの母親はマリアで、洗礼したのはヨハネなのだよ。仏陀の母親はマーヤという名で、父親はジョヴァンノゥというのだ。ちなみに、ヨハネはイタリア語読みで、ジョヴァンニなのだよ」

「えっ！　どういうことですか？」

「そもそも、仏陀の本名であるゴータマ・シッダールタとは、『立派な牛飼い』という意味なのだ。イエス・キリストも、自分自身のことを『主の立派な羊飼い』と言っているのだよ」

「つまり、同一人物ですかい？」

「さてどうだろうね。こんな話は他にもあるのだよ。日本で大工の神といえば、誰かわかるかね？」

「そんな人がいるんですかい？」

「いるのだよ。聖徳太子だ。聖徳太子は、大工さんが使う規（コンパス）と矩（直角定規）を広めたとされているのだよ。大工さんたちは、聖徳太子の命に従い、その道具で寺を建てたのだ。規と矩は、ある有名な秘密結社のシンボル・マークにもなっているよ。彼らは寺院をつくる職人の集団だったのだ」

「ケケッ！　陰謀論者の間で有名なフリーメイソンですかい！」

「うむ、フリーメイソンは、『調和と友愛』をスローガンにして、階級制度を持っているのだよ。聖徳太子も『和をもって尊しとなす』と語り、冠位十二階という制度をつくっている」

「ちょっと待ってくださいよ！　それじゃ、フリーメイソンの元祖は聖徳太子ってことになるんですかい？」

「ひゃっひゃっひゃっ！　いくらなんでもそれはないかもだな。年代が違うからね。さらに、聖徳太子は馬屋で生まれたので厩戸皇子という名前なのだが、イエス・キリストも、家畜小屋で生まれたと伝わっているのだよ。どちらも動物を飼う場所で生まれたというシチュエーションは同じだな。これは、尊い存在が動物的で野蛮な世界に生まれてきたという暗示なのかもしれん」

「おいら、だんだんわかんなくなってきましたよ！　どういうこと？」

「聖徳太子は実在の人物ではなく、イエス・キリストの伝説が伝わったものだと考える研究者もいるね。イエス・キリストも、ほんとにいたかどうかは怪しい。イギリスでは、イエス・キリストが実在したと考える人は、少数らしいよ」

「ほんとはどうなんです？」

「これらは、インテリといわれる人たちから、鼻で笑われるような内容なのだよ。彼らは、真実を知っていると思い込んでいるからね。

歴史とはすべて多次元世界の幻想みたいなものかもしれないのだよ。過去もたくさん存在するのかもしれない。とにかく、この世界はわからないことだらけなのだよ！
とりあえずわかっているのは、法隆寺をつくったのが大工さんということだな！」

超常コラム 3 時空Q＆A

Q 龍って本当にいるの？

A 知り合いが手術をして子宮を取ったときに、入院していた病院の窓から外を見たら、巨大な龍が空を飛んでいたそうですよ。他にも、山で遭難して死にかけたとき、空に龍を見たという男性もいますね。みなさん、命に関わる状況ですな。日常的ではない特殊な意識状態では、別の時空を見ることもできるのかもです。龍の伝説は世界中にあるのでね。龍は我々とは別の次元で存在しているのですよ。

第4章

パラレルワールドにアクセスしよう

難しいことは
しなくて良い！
できることだけで
良いのです！

時空について理解するには

ニュートン物理学の考え方では、時空を正しく理解することはできません。原因によって結果が起こるという因果律によって成り立っているからです。そのため、時間は過去↓現在↓未来へと一直線につながっていて一方向にしか流れない、という考えなのです。

ニュートンは、まずは目に見えるところから明らかにしていったのですよ。目に見えない部分は、後で解明しようと考えていたのです。やがて物理学は進歩し、新しい時間のモデルが出てきました。

次ページの図のように、新しい時間のモデルによると、**確かな時間は「今」だけで、過去も未来も無数に存在します**。時間の流れも、未来↓今↓過去↓今のように、しょっちゅう行ったり来たりします。つまり、世界はたくさん存在するのですよ。そして

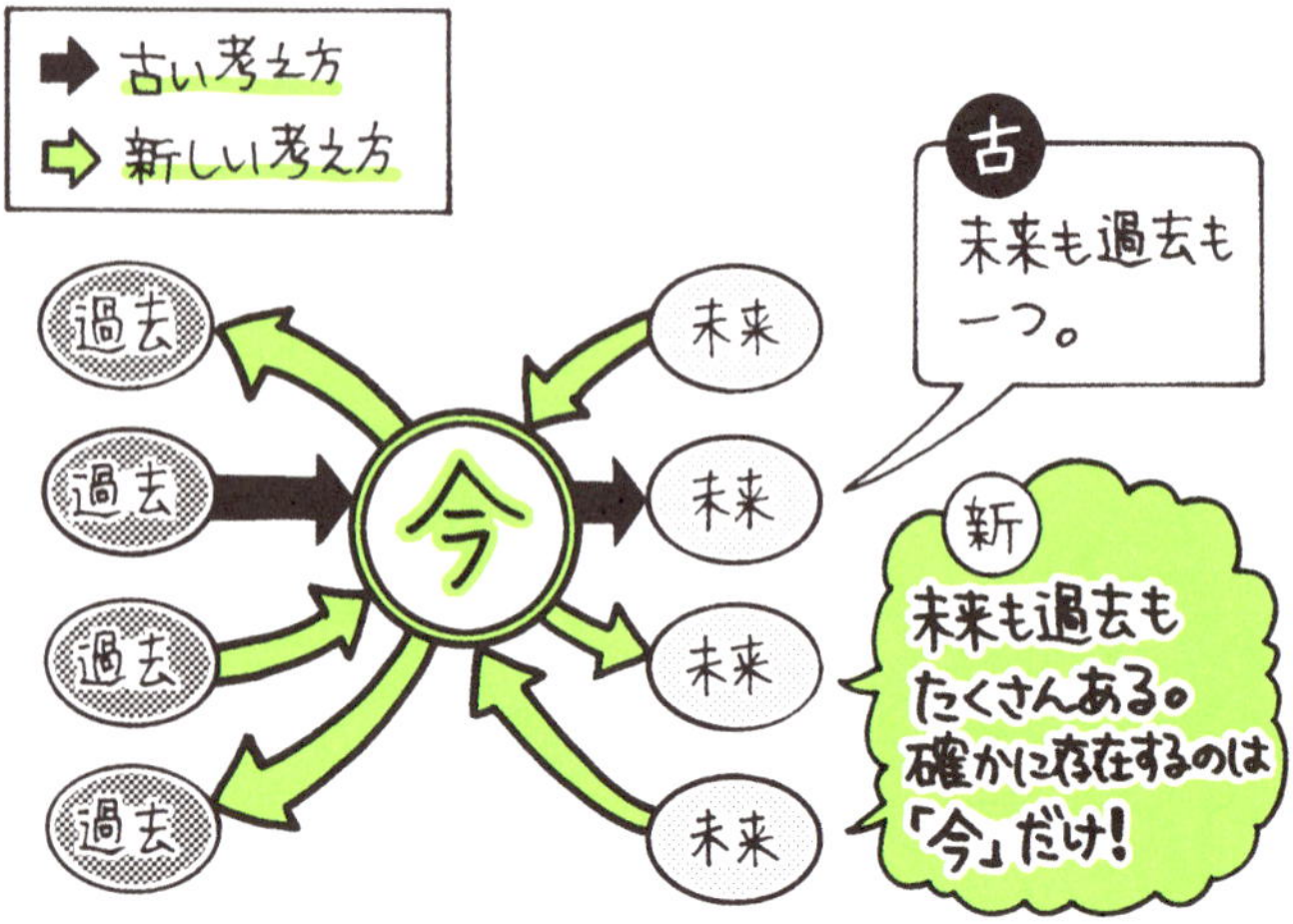

無数の世界は、すべて「今」につながっているのですな。

時空移動で「過去」も変えられる

結婚直前、J美さんに巨大な子宮筋腫が見つかったのです。

「私は、幼いとき母親に捨てられたのです。こんな病気になったのは、母親に対する怒りがあるからじゃないかと思っています。結婚したら子どもができる可能性もあるでしょ？　でも子宮が病気になれば、子どもを持つことも難しくなりますよね。母親みたいになるのが怖いんだと思います」

私はJ美さんに、ベーシックなテクニックを提案したのですよ。

「その怒りをすべて、手放してみてはどうかな？　**お母さんに言いたかったこと、感じてきたことを全部ノートに書き出してみるのですよ**」

J美さんはそれを実行しました。私はさらにこう言ったのですよ。

「**そのノートを燃やして、灰を川に流してしまうのですよ**」

過去は水に流すという、伝統的なテクニックです。燃やさずとも、破って川に捨てても良いのです。治療の甲斐あって、その後、J美さんの子宮筋腫は大人しくなり始め、最終的には簡単な手術で治まったのでした。

それからJ美さんは結婚し、直後に偶然数十年ぶりにお母さんと再会したのです。

そして、お母さんは、J美さんを捨てたわけではなく、無理やり引き離されたということが判明したのですよ。

つまり、過去は変わってしまったということですな。

目には見えない存在を意識する

ニュートンの後に、デビッド・ボームという物理学者が現れ、目に見えないものを暗在系と名付けて研究しました。暗在系は時空を超えた領域に存在するものなのですよ。日本人は昔から、この暗在系を日常生活の中に取り入れてきました。たとえば「お陰様」という言葉ですな。

Lさんという女子大学生が、友人たちと車で旅行に行くことにしました。母親は、なぜかひどく心配して、Lさんに神社のお守りを渡したのですよ。

「大丈夫よ。お母さん！　心配ないわよ」

そして旅行中に、Lさんの乗った車は事故に巻き込まれて大破しました。ところが、Lさんはまったく無傷でした。

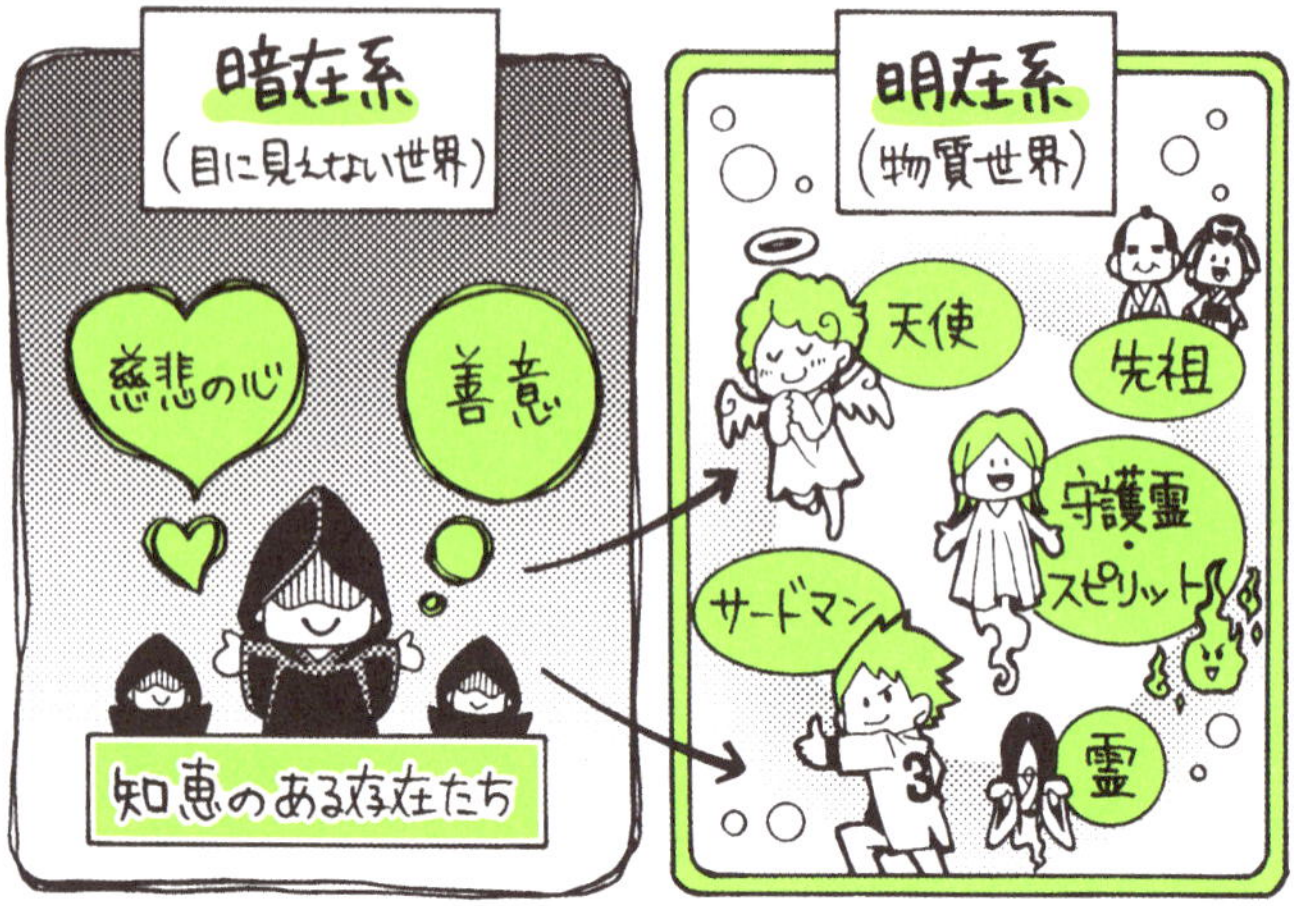

ふと気づいたら、Lさんのお守りは、真っ黒に変色していたのですな。

Lさんの母親が言いましたね。

「ありがたいね。きっと、お陰様の力だよ」

お陰様というのは認識することで、この物質世界に現れてくるのですよ。守護霊、先祖、天使、霊、スピリット、サードマンなど、宗教家たちが昔から語ってきた**我々をピンチから救ってくれるような存在ですな。**この物質世界（明在系）は、目に見えない世界（暗在系）が形になったものなのですよ。目に見えない世界には、慈悲や善意、知恵のある存在たちがいるのかもしれません。

何か嬉しいことがあったら、お陰様に「ありがとう」と、言葉で伝えてみるのですよ。

ワンダーチャイルドを元気にしよう

私たちは、自分の無意識領域にあるワンダーチャイルドという部分で、時空を超えた存在と接触できるのですよ。生きる喜びや、好奇心にあふれた『アルプスの少女ハイジ』のような存在ですな。

多くの場合、ハイジ（ワンダーチャイルド）はロッテンマイヤーさん（社会圧）によって圧迫されています。ロッテンマイヤーさんの力は圧倒的なのですよ。悪い人ではありませんが、頭が固くて融通が利かないのです。ときには彼女によって精神的に追い詰められ、病気になったり、自殺してしまったりする人もいます。

そんなことになる前に、とりあえず山に行き、下着一枚で高原を駆け回ってください。温泉でもかまいません。ロッテンマイヤーさんが追いかけてきて、「さあ、会社に行くのです！」と迫ってきたら、「クララが立った！」と叫んで逃げましょう。

病気になって自殺するより、会社をクビになったほうが良いのです。あなたが会社を辞めたからといって、地球が滅びたりはしませんから、大丈夫です。

より健全かつ簡単な方法で、**ワンダーチャイルドの元気を取り戻すためには、幼いときに好きだった本やマンガ、お菓子、アニメやオモチャなどに触れてみます**。ゲームや遊びもしてみましょう。好きだった場所なども訪れてみてください。

私の場合は、アニメやプラモデルですな。アニメはワンダーチャイルドのエネルギーを供給してくれますし、プラモデルの作成は、ワンダーチャイルドのエネルギーを物質世界へと反映させる作業なのです。重厚なリアリティーを醸し出すためには、熟練した技巧と情熱が必要なのですよ。なかなか、わかってはもらえないものだがね……。

ワンダーチャイルドのエネルギーが復活してきたら、冒険に出かけてください。

今までにやったことのないジャンルや、してみたいけどやらなかったことにトライしてみましょう。能率や効率、利益などは無視してください。将来的にどう役に立つかも、無視します。現代人の多くは、合理性と利得が発生するかどうかで行動を決めがちです。それでは時空を超えるダイナミックな創造性とつながることができないのですな。

生きる喜びにつながるためには、好奇心で動くことが大事なのですよ。

このワークを行った事務員の女性は、ある日突然、地元の劇団に入り活動し始めました。彼女にとって、今までにない行動だったのですよ。

途端に変化が起こり、毎日が楽しくなり始めたのです。出会いも発生してきたのですな。さまざまなイベントに参加するようになり、

現在、彼女は仲間たちと映画製作に取り組んでいます。

「今」を大切に生きよう

M子さんは、奥さんと何年も別居している男性と付き合っていたのですよ。

「いつか彼が離婚して、私と一緒になってくれたら、幸せになれると思ってきました。しかし、一年前、彼は突然亡くなってしまったんです」

「そうでしたか……」

「一年たった今、人生には『いつか』なんてないって気づきました。『今』しかないと思うようになりましたね」

「確かに、そうですな」

「『いつか彼と結婚したい！』と考え続けている間、私は幸せではありませんでした。でも今は、彼と過ごした一瞬一瞬が幸せだったと感じています。だから、後悔はないです」

「人間は必ず死にます。いつも『今』しかないのですよ」

私は亡くなっていかれる方と話をする機会がよくあります。彼らは死に近づくにしたがって、「今」を深く味わうようになるのです。

そして、自分が生きた意味を求めるのですよ。

人は未来に良くなると思い込んだり、過去を後悔し続けたりします。でもね、どうやら「今」しかないのですよ。そして、この「今」から、無数の時空につながっているのです。**時空を選ぶことができるのは「今」ここからなのですな。**


さて、あなたはたいして重要でも、特別な存在でもありません。いずれは死にます。あなたがいなくても、世界は動いていくのだよ。

「誕生日」の「誕」という字を、漢和辞典で調べるとね。「いつわる、あざむく、でたらめ」というのが、本来の意味らしいのです。そして、亡くなった日を「命日」といいますね。亡くなった日が、本当の命だというのですよ。

臨死体験という、特殊な体験をした人たちがいます。彼らの話によるとね。臨死体験したことにより、意識が大きく変化したというのです。彼らは、人生を意味のあるものとして捉え、その命を使い始めるのですよ。

ただ単に長く生きることだけを望むなら、動物と同じですな。

しかし、**あなたがその命を使って、何か意味あるものをつくり出そうとするならば、無限の時空が展開していくのですよ。**死を認識した途端、あなたは特別な存在になるのですな。

「いつか」ではありません。「今」この瞬間から、あなたは特別な存在です。

理想の未来をつかむ2つのポイント

理想の未来が存在する時空を選ぶのは、結構簡単なのですよ。直感に従えば良いのですな。ところが、「直感がわからない」という人が多いのですよ。そんな方のために、とっておきのテクニックをお話ししましょう。

直感とは、無意識のさらに奥からやって来る情報ですな。心理学者のユングによる高次の自我（ハイヤーセルフ）、あるいはスピリチュアル系の方が語る、宇宙意識や超意識からのメッセージですよ。

宗教ではこの状態を、キリスト意識やブッダ（目覚めた者）、悟りとかいいますね。ブッダは、サンスクリット語の「目覚める」を意味する「ブドゥ」の過去形です。ブッダの名称は、中国に伝えられたとき「浮屠《ふと》」「浮図《ふと》」と発音されたのです。

日常生活でも、「ふと、思いついた」なんてことがありますね。根拠も脈絡もない

ことが多いですが、実はこれが「直感」なのですよ。これに従って動けば良いのです。

ふと、「いやなこと」を思いついてしまったときは、溜め息をつきながら、「この話はなかったことに」と小さな声で呟いてキャンセルしてください。それだけで、ネガティブな時空はチャラになります。


――ケルマ劇場遠い花火①――


団出茂夫（44才）は、ゼネコン勤務の中間管理職である。帰宅途中の人々が行き交う、会社から帰宅する電車の中で、茂夫は娘の大学受験のことを考えていた。

――負担かけたくないから、絶対国立行くよ！　がんばるからね！

（あいつ、親に気を遣いやがって……バカだなあ）

妻は、娘の愛美が幼いときに亡くなっている。それ以来茂夫は、娘が成人するまではと、がむしゃらに働いてきたのだった。不登校で大変なときもあったが、本当に素直な娘に育ってくれたと思う。

突然キリっと胃のあたりに、痛みが走った。

最近、夜になると胃や胸のあたりが苦しくなる。ふと、いやな考えがよぎった。

（何か、悪い病気なのか）

なんともいえない不安が体の奥深くから湧き上がり、茂夫の中に少しずつ蓄積しつつあった。

（もし、オレに何かあっても死亡保険がおりるから、大学を出してやることはできるさ……。いや、何バカなこと考えてんだ。病気になっているヒマなんかないんだよ。とりあえずは、怖いけど病院に行っとくか）

「はぁあ〜」と溜め息を吐きながら、彼は小声で呟いた。

「この話はなかったことに……」

ふと、帰りにTSUTAYAでDVDを借りて行こうかというアイデアが湧いた。

友人のケルマさんも言っていたではないか。

「ダンディーよ！『宇宙戦艦ヤマト2199』のDVDレンタルがスタートしたの

だ！」

（借りて帰ろうかな）

その行動が後に茂夫の人生を大きく変えることになるのだが、このときの彼には知るよしもなかったのである。


時空を超える試みを行っていくと、周りにさまざまなサインが発生していることに気づき始めるのですよ。**そのサインに従って行動するとき、心の底から望む状態に向かうことが起こってきます**。

――ケルマ劇場遠い花火②――

店舗の中は、大型液晶ディスプレイに映し出されるＤＶＤの紹介映像でにぎやかだった。限られた時間でインパクトを与えようとする映像と音響が、こちらの気持ちなどお構いなしに流れている。

涼子はＤＶＤの陳列棚をぼんやりとのぞきながら、昼間の会話を思い出していた。

「ダメだこりゃ！　次、行ってみよう！」

ケルマさんと話していて、心のどこかで、去っていった男が帰ってくることはないだろうと、わかってはいた。しかし、過去の恩讐が亡霊のように浮かび上がり、涼子の心を過去へと止めていたのだった。涼子はふと呟いた。

「ダメだこりゃ……」

ふと途方に暮れた、いかりや長介さんの顔が脳裏に浮かび上がった。

（ごめんね長介さん、涼子はそんなに強くないの……）

しかしそのとき、店内のスピーカーから発せられたしゃがれ声は、彼女を未来へと誘ったのだった。

「次、行ってみよう！」

店内の液晶ディスプレイには、いかりや長介さんが写し出されていた。いつの間にか、ドリフ大爆笑のＤＶＤ紹介が始まっていたのだ。

（長介さん……！）

するとそばにいた誰かが呟いた。

「あ〜、ダメだこりゃ」

「えっ！」

驚いて思わず声を出した涼子は、呟いた男性をジッと見つめてしまった。失礼だと思ったが、そのときの涼子には目をそらすゆとりがなかったのだ。ＤＶＤのパッケージを手に取って眺めていた男性は、涼子の視線に気づくと戸惑ったように、照れ笑いしながらこう言った。

「あ……いえ、新しい新作のＤＶＤが全部借りられちゃっていて……」

「……ヤマトの新作、ですか？」

「ええ、ここにはないみたいだから、他の店にあるかもですね」

男の照れた笑顔に、涼子は自分の心がなだらかになっていくのを感じていた。涼子自身、なぜそんな言葉が出たのかわからない。だが次の瞬間、涼子はこう言っていた。

「私も観たいです。ヤマト……」

男は穏やかに笑いながら、こう言った。

「良かったら、一緒に探しに行ってみますか？」

何か胸の奥で弾けた音がしたようだった。涼子の中で静かに、遠い花火の音が鳴り響いていた。

ババンババンバンバンババンババンバンバン……

※この物語は、82パーセント実話です。

パワーストーンの本当の力

この世には不思議なファンタジー商品が存在するのですよ。ある日、私が新聞の折り込み広告を何げなく開いたとき、そこにはあどけない少女の写真とキャッチコピーがあったのです。

『みきちゃん、石さんとお話しができるの……』

幼くいたいけな少女がつくるパワーストーンのアクセサリーが、持ち主に大幸運をもたらすそうです。さらにスゴいのは次の文章ですな。

『限定200個。みきちゃんはまだ子どもなので、200個しかつくれません』

結構すごい労働量だよね……。てか、子どもにそんな労働させていいのか……？

私はビー坊にこう言ったのです。

「ファンタジー商品の広告は少々やり過ぎだが、パワーストーンの中には、さまざま

な幸運を引き寄せたり、願いを叶えたりと、人びとを手助けするものもあるのだ！」

「本当ですかっ!?　ぜひ、おいらも知りたいですよっ！」

「うむ、なぜこの手の広告がなくならないかというと、デタラメだけでなく真実を含んでいることを、人びとが無意識に感じているからなのだよ。まったくのデタラメならば、とっくに廃れているだろうな」

「真実ですかい？」

「ビー坊よ。たとえば、**水晶は生物なのだ**」

「ええっ！　水晶は鉱物ですよねっ？」

「生物学的には無生物と分類されているが、成長する生物かもしれないのだよ。柱状節理の岩石なんかは、植物の細胞そっくりだ。人類が彼らを生物だと認識できてないだけかもしれない。面白いことに、教育者として有名なルドルフ・シュタイナーは、『鉱物には意識がある』と語っているのだ！」

日本でもシュタイナー教育で知られるシュタイナーは、実は霊能者だったのです。彼によると、鉱物の意識は原初の胎児のような、ぼんやりとした状態なのだそうですよ。

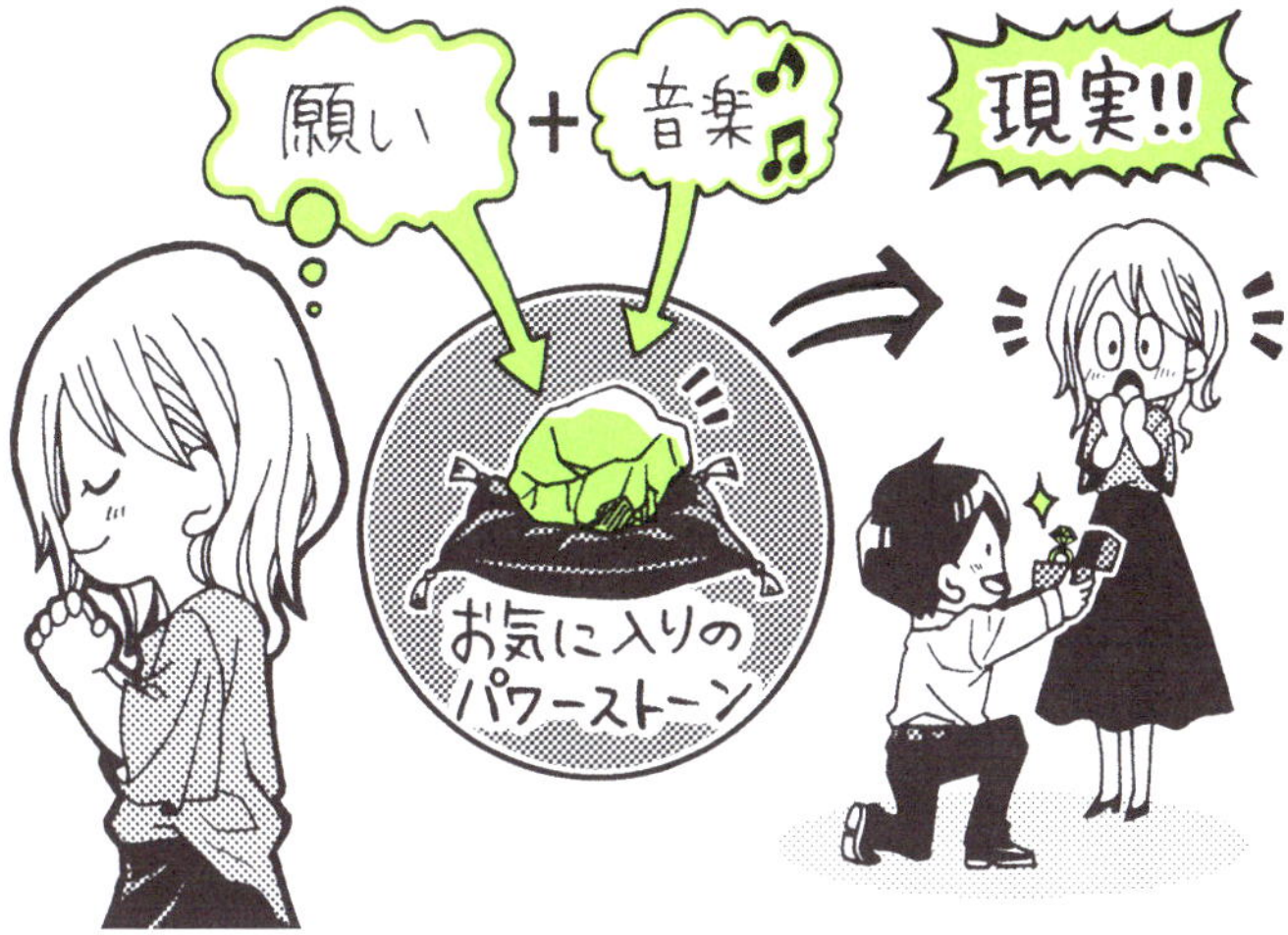

「じ、じゃあケルマさん！」

「うむ！　みきちゃんが『石さんとお話ができる』のは、真実に違いない！」

「なんてこったい！」

「つまりだな、インテリぶったニセ知識人より、みきちゃんのほうが正しいかもしれない！　**石は持ち主の無意識と共鳴し、さまざまな願望や感情を、現実世界で形にしようとするのだよ。**」

「そんなパワーがあるんですかい！　どうしたら手に入れられるんですかね？」

「まずは、石は生物だということを認識する必要がある。自分の欲望のために利用しようなんて気持ちで接しても、共鳴してはくれないのだよ。**単なる物ではな**

く友人として接することが大切なのだ」

「なるほど！」

「まずはパワーストーンの店に行き、みきちゃんのように石とお話しするのだよ。真の価値は、効能や値段ではないのだ！　では、実際に行ってみることにしよう。駆け足っ！」

「がってんだ！」

早速、ビー坊と私は市内にあるパワーストーンの店に行きました。何やらスピリチュアルムード満々のお姉ちゃんが石を手に取りながら、不思議なイントネーションで語ってくれましたね。

「ははは〜ん、この子はねぇ〜、イライラしているときに慰めてくれるのよぉ〜。ははは〜ん、そうそうこの子なんかねぇ〜、マイナスエナズィーを浄化してポォジティィブにしてくれるのよぉ〜。ははは〜ん、この子は新しい次元に上昇する手助けをしてくれる賢い子なのよぉ〜」

ビー坊が、コソッと言いましたね。

「おいら、なんかイラッとするんですけど」

「うむ、みきちゃんならほのぼのすると思うのだが。あのお姉ちゃんだと、何だかイラッとするな」

「はは~ん、この子、あなたのことが好きみたいよぉ~」

スピリチュアルお姉ちゃんは、一つの石をビー坊に手渡したのでした。

「ぉお!」

「どうした? ビー坊よ」

「おいらもなんとなく、この石はかわいいなって思ってたんすよ」

「ほほう!」

このお姉ちゃん、かなりいっちゃっているけど、ただ者ではないかもしれません。

結局、ビー坊は1500円でその石を買ったのですな。帰り道に、ビー坊がボソッと言いましたね。

「ケルマさん、さっきのお姉ちゃん、名札をつけていたんですけどね」

「名札?」

「三喜って名前でした」

「……そうか。ビー坊よ、我々は今、みきちゃんがつくり出した時空にいるのかもしれないなぁ」

「そうっすね、ケルマさん……」

パワーストーンのワークをまとめると、こういうことですな。

①石は生物だという認識を持ちましょう。

②パワーストーンの店や自然の採石場に行き、石を探すのです。値段や効能などは、まったく無視してください。

③「これは！」と感じる石を見つけたらとりあえず、「ははーん」と話しかけてください。出会いがないときは別の機会にします。これは縁だからねぇ。

④石の好きな食べ物は音楽です。あなたの好きな音楽を聴かせてあげてください。

⑤石が弱っている（輝きがない、色がくすんでいる）ときはしばらく地中に埋めて、エネルギーを回復させてあげてください。
⑥周囲の人には、イタイ人だと思われないように注意してください。

N美さんはこのワークを実行してから、すぐに仕事で新しいポジションを任されました。そして、その仕事である男性と出会い、一目で惹かれ合ったのですよ。やがて彼らは結婚しました。まるで、ファンタジー商品の広告に載っているような出来事ですな。

さらに、その後N美さんは交通事故に遭いましたが、まったくの無傷ですみました。

そしてなぜか、N美さんのパワーストーンは割れていたのです。

N美さんは思わず涙がこぼれたそうです。嘘みたいですが実話なのですよ。

睡眠でパラレルワールドにアクセスする方法

Oさんという女性がペルーに行き、アヤワスカの儀式に参加したのですよ。ペルー政府公認の宗教儀式ですな。アヤワスカという幻覚性のある植物を摂取し、宗教的な体験をするのですよ。強力な薬物なので、バッド・トリップといって精神的に破綻状態に陥る可能性もあります。もちろん、日本では違法ですな。絶対、ダメです。アヤワスカを摂取した後、Oさんは体外離脱を体験しました。そして、日本の自宅に行って、テーブルの上に置いてあった1カ月後の日付が書かれた新聞を読んだのです。

その1カ月後、新聞に書かれていた出来事が、本当に起こりました。

つまり、単なる幻覚ではなく、Oさんは現実の未来の光景を見たのかもですよ。

アヤワスカの幻覚は、DMT（ジメチルトリプタミン）という物質によるものです。

DMTは、脳の酸素が少なくなると肺で大量につくられ、脳細胞を守ると考えられています。そのため、「臨死体験」と関係があるともいわれてるのですよ。超能力者といわれる人の脳はDMT分泌が多いという研究者や、DMTが時空を超える性質を持つと主張する研究者もいますね。

実はDMTは、私たちの脳の中にある松果体という器官で分泌されているのです。

松果体は、幼少期にはDMTを多く分泌していますが、第二次成長期になるとホルモンの影響で石灰化（カルシウムなどが沈着し、硬くなる）していき、分泌しなくなります。つまり、文字通り石頭になってしまうのですな。

しかし、特殊な高周波の振動を発するクリスタルボウルや、クリスタルチューナーなどの楽器は、松果体の石灰化を解除し、DMT分泌を活性化させるのかもしれません。研究者の中には、**脳の活動が低下する睡眠時に、水晶を頭の近くに置いておくと、DMT分泌を誘発すると主張する人たちもいるのですよ。**

薬物など必要ありません。目に見えない世界とつながるには、寝るときに頭の近くに水晶を置いて、静かな音楽を聴きながら眠ると良いですな。石のごちそうは音楽ですからね。水晶を選ぶときは、「パワーストーンのワーク」を参考にしてください。

ポチくんが言いました。

「ケルマさん、この間スゴいことがあったんですよ」

「どうしたのだね？」

「彼女が最近、ケルマさんが教えてくれた睡眠のテクニックを実践しているんですよ。そしたら、すごくリアルな夢を見るようになったっていうんです」

「なるほど。水晶の影響で別の時空に接触できるようになったのかもね」

「それでね。ある日夢の中で、バラの庭園を見たそうです。香りまですごくリアルだったって。バラの花びらが浮かんだプールに入って……

起きたら、ベッドの中にバラの花びらがあった

っていうんですよぉ！」

『お持ち帰り』と呼ばれている現象だな。別の時空にあるものを現実の世界に持ってきてしまうのだ。実はよくあるのだよ」

「マジですか！」

「うむ、瞑想する人や宗教家の中にはこれをよく体験する人がいるのだ。超常業界では結構ポピュラーな現象で、物質化現象ともいうね。一昔前は、体から金粉が出てくるなんてのが流行ったなぁ」

「流行ったんですか！」

「宗教を熱心にやっているおばちゃんが、拝んだら手から金粉が出てきたりとかね」

「せっかくの能力だし、何かもっと役に立ちませんかね？」

「うむ。実は、いろいろなものをお持ち帰りできるのだ」

「えっ！　そうなんですか？」

「ただ、この現実世界は因果律が支配している世界だからね。それを無視してお持ち帰りすることはできないのだ。海外のものを自国に持ち込もうとしても、手続きをしないと税関で引っかかってしまうのと同じなのだよ。だから、**この世界の手続きを踏む必要があるのだ**」

「というと?」

「実際に行動してみるのだよ。たとえば、購入に必要な資金をためたり、不動産屋に行ってみたりするのだな」

「なるほど、リアルな形にする手続きですか」

「もちろん、さまざまなケースがあるから、どんな方法で現実になるかはわからないがね」

しばらくして、ポチくんの彼女は、ある奥さんが海外へ出張する間、家の管理を頼まれたのでした。

その家には、バラの庭園があったのですな。

寝起き30分間でやること

朝起きてから、30分くらいの間は、とても重要な時間なのですよ。

みなさん、こんな体験はないですかね。朝起きて「変な夢を見たなぁ」と思っても、一時間ほどしたら「あれ、どんな夢だったっけ？」と忘れてしまうことです。

朝起きてしばらくの間は、意識と無意識の狭間にいます。だから、無意識の間のことを思い出したり、逆に想いを無意識の奥に入れたりすることも可能なのです。そして、**無意識の領域に伝えた想いは、集合的無意識を通じて、時空すべてを動かしていくのですよ**。

P太さんは、毎日朝起きてから太陽に向かって静かに話しかけました。

「オレの人生のすべてが、今思ってもないような素晴らしい状態に向かっている」

実はP太さんは経済的な問題と裁判の問題を抱えていて、不安で心も病んでいたのです。

しかし半年後、すべて解決したのですな。

P太さんが思ってもないようなことが、次々に起こったそうです。

人間が意識で処理できる情報はたかが知れています。無意識の領域には、想像をはるかに超えた能力があるのですな。

そして、**朝の太陽はダイレクトに松果体を刺激するのですよ**。松果体はもともと光に反応する器官です。トカゲなどには、松果体が頭の中央に露出している種もありますな。太陽の光は、松果体にメラトニンという物質の分泌を促します。これは睡眠に関わる神経伝達物質で、睡眠と覚醒のリズムを調節するのですな。

松果体は、生物が外の世界を認識したいと願って進化した結果、生み出した器官なのですよ。つまり、意識と無意識の結合点なのです。

朝起きたら、まずは目を閉じたまま、太陽に額を向けるのです。そして静かに話しかけてください。あなたの願う状態について、「〜したい」「〜なりたい」ではなく、「〜です」「〜します」という完了形か進行形で語るのです。それから朝は怒らないで、穏やかに過ごすことですな。朝の過ごし方が、その日の時空すべてを決めるのですよ。

それから、**非加熱のハチミツを口に含みながら朝の太陽の光に当たると、松果体に大きな刺激を与えるかもしれません。**すると、選ぶ時空の自由度が、格段に高まるのですな。

さまざまな実験をした結果、私たちの意識を時空につなぐためには、非加熱のハチミツが役立つと、私は考えています。人間の社会とハチの社会はとてもよく似ているのですよ。ハチはHoneyで社会活動し、人間はMoneyで社会活動します。そして、人間の脳もハチも同じ神経伝達物質で動くのです。これはある種のフラクタル（自己相似形）だと思いますね。フラクタルとは、あるものの一部が全体と似た成り立ちをしていることです。

非加熱のハチミツだけでなく、シナモンなどの香辛料もこの働きに一役買うと思いますな。これらが健康に与える効果については世界中で研究されていますが、体ではなく脳を通じて時空に影響を与えると、私は考えているのです。栄養学的、物理的な影響だけではないかもしれませんよ。

楽しかった記憶を「モノ」にこめる

無意識はたくさんの時空とつながっています。そして、**無意識の領域の力は、現実世界でイメージや形とつながって機能するのですよ**。櫛が男女関係に影響したり、朝の太陽が人生を変えたり。なぜ特定のモノとつながって働くのか？　**それは無意識下に「エピソード記憶」、つまりそのモノに関する物語があるからなのですよ**。

エピソード記憶について、わかりやすい体験を話しましょう。

20年ほど昔、私はよく催眠術の実験をしていました。ある日激辛《げきから》カレーが大好きだという男性に、なんちゃって催眠術をかけたのです。

「あなたは生まれてから今まで、カレーを食べたことがありません」

その後、催眠状態から覚まして「あなたはカレーを食べたことがありますか？」と聞いたら、「ありますよ」と答えましたね。……催眠術は失敗か？　そこで、いつも彼が「ウマイウマイ」と言っている、激辛カレーを食べさせると……、

「ブハァアアッ！
こりゃ辛くて食べられないです！」

つまり、彼が激辛カレーを好きになったのは、人生においてカレーに関するさまざまなエピソードがあるからなのです。

幼稚園児のときに、誕生会でカレーを食べた。小学生のときに、キャンプでカレーを食べた。中学生のときにサッカーの試合で優勝して、仲間とカレーを食べた。高校生のときに、一人旅してカレーを食べた。社会人になり、彼女ができて、一緒にカレーをつくって食べた……。それらの記憶の積み重ねが、彼を激辛カレー好きにさせたのです。しかし、催眠術で「カレーを食べたことがない」と指示して記憶をカットしたために、こんな反応が起こったのかもですな。

人は何かをするとき、必ずこのエピソード記憶が無意識で作用しています。だから

彼は仕事でどんなに疲れて帰ってきても、カレーを食べたら元気になるのですよ。もちろん、催眠術はすぐに解除したので、彼は相変わらず激辛カレー好きです。

エピソード記憶を表現する「物」を用意しておくと、落ち込んだときに助けてくれます。実は楽しかった記憶ではなく、つらく苦しかった記憶のほうが重要です。なぜなら、苦しくつらかった記憶には、人生を爆発的に前進させようとするエネルギーが秘められているからなのですよ。ただし、このテクニックはかなり強力なので、本当に重要なときにだけ使ってください。ネーミングも重要ですな。

たとえば、こんな感じです。

- 逆境のパンツ

失恋したときは、パンツを買ってください。悲しみを吹き飛ばすパワーを秘めた、逸品の爆誕です。

- どん底ラーメン

やる気が出ないときは、具材なしの素ラーメンが野生のハングリー精神を呼び覚まします。

- ルネサンス銭湯

人にどう見られるかを気にし過ぎて疲れてしまったときは、銭湯に行きましょう。もう心配ありません。みんなマッパです。

- ど根性カレー

お金がないときは具なしカレーです。忘れないでください。この切なさと悔しさが、巨万の富をつくり出すのですよ！

- 戦士の休息・電器店のマッサージチェア

疲れたときは『聖母たちのララバイ』とか、『戦国自衛隊のテーマ』などを脳内で再生しながら、至福のときを過ごしてください。好きな音楽でも良いです。

ここまでご紹介した習慣をとりあえず試してみてください。新たな時空へとつながっていくはずですよ。

Q 前世を思い出す方法はありますか？

A 有名な方法としては、「前世療法」がありますな。知り合いのドクターが留学したときに受けたら、前世に遡ったのに、未来の情報が出てきたそうです！つまり、前世は未来人だったのです。未来から現代に転生したというわけですな。実は、未来も過去もたくさんあるのですよ。
ただ前世は、誰でもとことん好きなことを探求したら、勝手に思い出します。自然に心惹かれるものというのは、別の世界で既に体験している可能性があるのでね。

第5章

時空対談

ひすいこたろう
×
ケルマデック

〜最高の未来をつかむ方法〜

ひすいこたろう

作家

幸せの翻訳家

天才コピーライター

「視点が変われば人生が変わる」をモットーに、幸せに生きるための考え方やものの見方を追求。衛藤信之氏から心理学を学び、心理カウンセラー資格を取得。『3秒でハッピーになる名言セラピー』が、ディスカヴァー MESSAGE BOOK 大賞で特別賞を受賞し、ベストセラーに。

『あした死ぬかもよ?』『あなた次第でこの世界は素晴らしい場所になる』（ディスカヴァー・トゥエンティワン）、『今日、誰のために生きる?』（SHOGEN との共著：廣済堂出版）などベストセラー多数。

ひすいこたろう LINE 公式アカウント
https://hisui-universe.com/line/240701

オンラインサロン『ひすいユニバ』
https://hisui-universe.com

さあ、みなさん！時空対談の開幕です！

ひすいさんとは、お友達を通じて私のワークショップに遊びにきてくれたのがきっかけで仲良くなったのですよ。私もちょいちょい、ひすいさんのイベントに登壇させていただいています。

ひすいさんも昔から宇宙や時空に興味がおありでね。「一緒に本をつくりたいよ～」と言っていたのが、今回実現しましたよ！

ひすいさんは、４次元ポケットから、未来を面白くする考え方を取り出す「この星のドラえもんになる！」という使命のもと、作家だけでなく、ラジオ、オンラインサロンやセミナー、イベント、お笑いユニット結成など、多方面で活動中。ご著書の中では、多次元宇宙などの難しい概念も、わかりやすい言葉で表現されてますな。

そんなひすいさんと身近な世界の不思議や時空の秘密について語りますよ。

私たちはこの世界を選んで来た

ケルマ ✦ときどき、生まれたときの記憶がある人がいます。ある学校で子どもたちに「生まれる前はどこにいたの？」と聞いたら、「生まれる前は木の高いところにいて、お母さんを選んできた」などと答えてくれましたね。中には、「お母さんの中に入ろうとしたけど、やめちゃった」と言う子もいました。その子のお母さんに聞いたら、過去に2回おろしたそうです。子どもたちは「自分は別の世界からやってきた」と言いますな。ただ、ある年齢を過ぎると、みんな生まれる前のことを忘れちゃいますね。

ひすい ✦僕の友人の絵本作家・のぶみさんも、生まれる前の記憶を持っている子どもたちに多数取材して『このママにきーめた！』、『うまれるまえにきーめた！』（サンマーク出版）という2冊の絵本を書いています。たくさんの子どもたちに取材したそうですが、みんなお母さんを決めてきたと言うのだとか。ただ、お父さんを決めてきたって言う子はほぼいなかった（笑）。

ケルマ✦そうなの？　なんで？　お父さんってなんなの（笑）。

ひすい✦お父さんは「おまけ」なんでしょうか。ただ、のぶみさんの取材ではお父さんを選んできた子もいたのはいたそうです。３人だけ（笑）。

ケルマ✦男としてはちょっと切ない気もしますが、そうかもしれません。実は人間一人ひとりのルーツをたどっていくと、「ミトコンドリア・イヴ」という一人の女性にいきつくんです。彼女のＤＮＡって、女性にしか伝わらないの。だから、重要なのはお母さんだけなのかも。そういえば、ひすいさんも『できないもん勝ちの法則』（扶桑社）という、息子さんの名言本を出しましたね。

ひすい✦そうなんです。うちの息子はめちゃめちゃ面白くて、ファミレスで床にケーキを落としてそのまま食べようとしたので叱ったら、「父ちゃん、俺にとっては床も皿だぜ」とかサラッと言う子なんです。皿だけに（笑）。うちの場合は、逆に親が子どもを選びました（笑）。

ケルマ✦「お前に決めた」みたいな感じですかね（笑）。

ひすい✦勝手に決められたと思うと、この世界の「脇役」になってしまいますが、自分で決めたって思うと、自分の世界の「主役」は自分になりますからね。密かにここが世界の分かれ目じゃないかなと。「自分はちゃんと決めてこの世界に生まれてきたんだ」って視点を持つことで、新しく見えてくることもあると思うんです。

時空移動は子どもに学べ!?

ひすい✦うちの家族は、お祭りのあんず飴がみんな好きなんですが、お祭りのときは、サイコロを振ってゾロ目が出たらもう一個あんず飴がもらえるんですね。それを息子がサイコロを振ると、面白いくらいよく当たるんです。あまりにゾロ目を出すから、どうやるのか聞いたら、「まずは頭をシンとさせて、ピカーンと光ったらサイコロを振る。でも振る直前に『当たりませんように』って願うんだよ」って言うんです。

ケルマ✦「当たれ！」じゃないんだ!?　面白いね！

ひすい✦理由を聞いたら、「そんな野暮なこと聞くなよ、父ちゃん」ってかわされて（笑）。理屈は本人もよくわかってないのかもしれませんが、もしかしたら、無心になろうとしても出てくる欲を越えるために、直前に「絶対当たれ！」っていう気持ちを手放しているのかも。

ケルマ✦それは正しいかもしれませんよ。ギネスブックに載っている、世界で一番たくさんホールインワンを出した男も、コツを聞かれて「打つ瞬間に、のっぺらぼうの女の人がミルクをカップに注いでるところをイメージする」と答えたそうです。それに近いと思いますよ。

ひすい✦かわいく、ほのぼのと執着を手放してますね（笑）。

ケルマ✦そうそう。仏陀の「拈華微笑《ねんげみしょう》」のように、「『悟ろう、悟ろう』と思っていると悟れないよ」という話もありますね。でもやっぱり、「悟りたい」って気持ちがないと、悟れないと思うんですよ。

ひすい✦「こうなりたい」という願いは大事だけど、その願いに執着し過ぎちゃうと、願いにかろやかさが失われて、重くなっちゃうんですよね。

ケルマ✦望みながら手放すということですね。人は「未来にこうなりたい」「過去にこうだったら」とかよく悩むけどね、結局は「今」どうするか、なのですよ。「今」に集中することが、過去や未来につながります。

ひすい◆過去も未来も「今」の中にあるのですね。普段何げなく使っている「ただいま（只今）」という言葉がありますが、禅の世界では「今」に戻ってこれたときにいうセリフなんです。これが本当の「ただいま」なんですよね。未来と過去に執着せず、かろやかに「今」を楽しむ。それが最高の未来と引き合うわけですね。

未来を変える「前祝い」

ひすい◆大嶋啓介さんとの共著で、『前祝いの法則』（フォレスト出版）という本を書きました。この本を書いたきっかけは、ある神社の神官が、お花見こそ、日本人の「引き寄せの法則」だと教えてくれたからなんです。一説には、お花見とは桜を見ながら秋の収穫をイメージして、先に喜んでお祝いすることで、秋の収穫を引き寄せようとしていた御神事だったそうです。これを祝福を予定すると書いて、「予祝」というんだそうです。

ケルマ✦お花見にそんな由来があるんですね。

ひすい✦そうなんです。「あけましておめでとうございます」と新年にいきなり「おめでとう」と言うのも予祝です。あと、本の中では、予祝で願いを叶えた人たちの話が出てきます。たとえば、大山峻護《しゅんご》というK－1選手は、大みそかのゴールデンタイムに放映されていた『K-1 PREMIUM Dynamite!!』で、「1分以内の秒殺で世界王者にKO勝ちする」という夢を持っていました。さらに勝ったときに、トロフィーのどこにキスするか、誰とどの順でハグするかなどの詳細まで想像していたそうです。でも、大山さんは体も小さく格下なので対戦相手に選ばれませんでした。にもかかわらず、なんと沖縄へ向かい、一人強化合宿を行ったんです。で、沖縄で世界王者を秒殺したときの喜びを味わいながら、最後は嬉しくて泣きながら練習していたそうです。でも、挑戦者には選ばれてないんですよ（笑）。

ケルマ✦すごい想像力（笑）。

ひすい◆そしたら大会直前に、世界王者と対戦する予定だった選手がケガしちゃったんですよ。たとえプロでも、準備をしていないと、急に世界王者と戦えるものではありません。どうするかとなったときに、「ずっとこの日のために準備をしてたものがいます」と。「え!! ほんとか? それは誰だ?」「大山峻護です」ということで、急遽、大山選手が大抜擢されて、大晦日に憧れの世界王者と対戦できたんです。しかも予祝通り秒殺。30秒でKO勝ちするんです。ただ、勝ったときにリングでハグする順番が2人だけ予祝とは違ったそうです（笑）。

ケルマ◆細かー（笑）!!

ひすい◆でも、『前祝いの法則』では、予祝の達人の大山峻護選手は、実は負けた回数のほうが圧倒的に多いと後半に書いたんです。というのは、彼は先に柔道をやっていて、そこで体がボロボロになって、ドクターストップがかかってしまったのちにK－1に参戦してるんです。しかも、「自分より強い相手としか戦いたくない」という想いがあったので、当然負けることのほうが多いわけです。

ケルマ◆勝負に勝ち負け以外の基準をお持ちなのですね。

ひすい◆まさに、そうなんです。これは大山選手の奥さんから聞いた話なんですが、大山選手の先輩の世界大会直前にスポンサーが降りてしまい、先輩が困っていたとき、大山選手は先輩のために、駆けずり回って資金を集めたんだそうです。自分も試合が近いにも関わらず、先輩のためにです。要するに、一番大事なのは「願った通りになるか」よりも、美学を貫く中で、「どういう人になれるのか」、また「どういう影響を周りに与えられたのか」が本命（本当の結果）だと思うんです。そこを祝福するのが、本当の予祝だと思って、『前祝いの法則』では、あえて大山選手が負け越していることを後半で伝えたんです。大山選手が人気だったのは、対戦成績ではなく、大山選手の生き様を通して、「勇気」と「思いやり」を皆が受け取れたからなんです。

「今」をどう捉えるかが、パラレルワールドの入り口

ひすい✦僕は中学生のときから地元の新潟大学を目指して猛勉強していたんですが、ハートが弱いから本番で頭が真っ白になって落ちちゃって。で、すべり止めで受けたのが東京の大学だったので、仕方なく東京に出てきたんです。大好きな子が同じく新潟大学を目指していたので、僕は東京には出たくなかったんですが。でも東京で、いろんな出会いがあって、こうして作家の道が開けました。今は受験で頭が真っ白になった自分に「ナイス真っ白！」と褒めてあげたい。以来、思い通りにいかないときって、「想い」を超える素晴らしい結果になるんだって思うようになりました。

ケルマ✦それが「ゆらぎ」ってやつですよ。この宇宙って安定した状態をつくり出そうとする力と、安定した状態を壊して変化させようとする力が常にせめぎあっているんです。安定した世界で、不安定な状態をつくり出す「ゆらぎ」が

発生すると、今までの価値観や思い込みが壊れて、もっと上のレベルに向かうことがあります。つまり、「こういうことが幸せなのよ」と思い込んでいるものってね、ほんの表面的な意識によるものなんです。無意識の世界では、それ以上の結果を生むものであるケースが多いです。

ひすい✦そうですね。地元の大学に行っていたら、ケルマさんとの出会いも間違いないでしょうからね。たとえば、川に流されて「あっち行かなきゃ、こっち行かなきゃ」ってジタバタするといろんなところにぶつかっちゃうけど、流れに身を任せたらスッと一番良いところに行けるみたいなことがあると思うんですよ。だから、「未来は選べる」という意識と同時に、常に「今が最善の未来だ」という意識の両方を持っていると、「常に最善最高の未来が自動的に来る」みたいな印象がありますね。行きたい道が行く道ではなく、行った道が行く道みたいな。

ケルマ✦僕も全く同じ意見ですよ。人生でいろんなトラブルが起こると、苦しいですよね。けれど「すごく重要で最善のことが起こっている」と受け止めた途端に、間違いなく未来は変わります。「こうなってほしい」と思うこととは違うことが起こったとしても、そのほうが望む未来よりもさらに良い未来なんです。わかりやすい例で、ある知り合いの女性の話があります。彼女は不倫して子どもができてしまった上に家族にばれ、いたたまれなくなって、失踪したのです。

ひすい◆うわっ！

ケルマ◆もう、クライシスな状態でしょ！　旦那さんは「なんで俺はこんな目に遭うんだ！」ってなるし、子どもたちは「お母さんが自殺するかもしれない」って怯えるし。ただ、危篤状態のおばあちゃんだけが、「ええ子が生まれてくるで。ほのかちゃんをみんなで助けてあげな」って言うんです。

ひすい◆ほのかちゃんって誰（笑）？

ケルマ✦それが誰も知らないんですよ。それから、奥さんが見つかりまして。すでに出産していて、その子どもに「ほのかちゃん」って名前を付けていました。それから、あんなに荒れていた旦那さんは今、「ほのかが生まれてきてくれて、ほんとに良かった」と言っているそうです。確かに当時は大変つらい状況だったのでしょうが、結果的にはほのかちゃんを中心に家族の絆が深まるという、めちゃくちゃ素晴らしい体験になった。要するに、僕らの普段の意識は「虫の目」です。のそのそ歩いて、何かにぶつかって「なんでこんな目に遭うんだ」ってね。ところが「鳥の目」は、高いところから全部見て「本当はこういう意味があったんだ」ってわかる。

ひすい✦「虫の目」では、思い通りにいかない現実が不幸に見えるけど、「鳥の目」では「不幸は幸福への伏線」なわけですからね。

ケルマ✦そう。未来や過去を変えるということは、物事を「虫の目」じゃなくて「鳥の目」で見るってことです。めちゃくちゃ大変なことが起こったとしても、

「すごく最高なことが起こっているんだ」と捉えた途端に、過去も未来も変わっちゃいます。

ひすい　過去も未来も、「今」の認識によって変わるということですね。今をどう捉えるかが、パラレルワールドの入り口なんですね。

病気は最高のギフト

ケルマ　ひすいさんは「病気」とはどういうものだと思いますか？

ひすい　そうですね……。アメリカで、大富豪や成果を出している人に「あなたの人生が変わったきっかけはなんですか」と、アンケートを取ったそうです。そしたら、なんとベスト3が「経営していた会社の倒産」「病気」「失恋」でした。人生が大きく良くなったきっかけが、最悪のことばかりなんです。

ケルマ✦これも「ゆらぎ」ですね。

ひすい✦そうですよね。「何が起きるか」よりも、「起こったことをどう受け止めて、どう行動し、どう自分を深めて周りと調和していくか」が大切だと思います。「病気」も「素晴らしい夢」も、どんな自分になるかの手段に過ぎない。ちょっと大変な形で学ぶか、楽しい形で学ぶか、の違いだけ。楽しいだけでは学べないこともありますし。だから病気も「自分を大きく変えていくギフトの一つ」という感じに捉えています。

ケルマ✦僕もそう思いますよ。病気は確かにすごく大変だけど、精神的にリッチな体験ができるんです。もちろん感情が荒れ狂います。落ち込んだり、呪ったり、怒ったりですよ。でもね、マイナスの感情が出つくすと、別の感情が出てくるの。病気になってから何かを始めて大成功する人もいれば、逆に凄まじくわがままになる人もいる。でもね、そのわがままって、今までずっと出せなかったものだったりするわけ。それにね、散々落ち込んで泣いて、とにかく怒り狂って、わめいて、いろんな感情が全部出ちゃったら、前に進む強い力が自動的に出てきます。

ひすい◆悲しみきる、落ち込みきると上昇するんですね。

ケルマ◆そうです。「ネガティブ思考で成功する」っていうやつです。

ひすい◆それは病気の人も、気持ちが軽くなりますね。

ケルマ◆だってつらくてしょうがないのに「ポジティブに！」とか言われても、絶対無理ですよ。つらいとか悲しいという気持ちは押さえないで、ちゃんと出してあげたほうが良い。あるお嬢さんの場合、すごくつらい恋愛をして、「もう男はいい」って思ったら、男性からのお誘いが、ピタッと止まったそうです。それから10年たって「やっぱりさみしいから彼氏が欲しい」と思ったら、またお誘いがワーッと来て。けど、変なやつばかり来るわけです。嘘つきや短気、暴力をふるうやつ、それから明らかに他に女がたくさんいるやつとかね。

ひすい　なかなかすごいラインナップですね……。

ケルマ　つまり、彼女は「長い間自分の家を空き家にしていた」というのと同じことなんです。10年たって久しぶりに自分の家に戻ってきて、水でも飲もうと水道の蛇口をひねったら、いろんなものが出てきたわけです。長年たまった汚物みたいのがドバッとね。それが全部出たら、やっと綺麗な水が出てくるんですよ。だから、失恋ってのはとことん味わったほうが良いね。病も同じ。するものじゃなくて、味わうものだね。

ひすい　味わう、というのはあるかもしれないですね。僕の友達の話で、以前「歴史の本を書こう」ってその友達を誘ったんです。でも、実はその友達は同じ時期にがんを宣告されていて。小学生の子どもが2人いたから、本当はすごく落ち込んでいた時期だったのだとか。

ケルマ ✦ つらいですね。

ひすい ✦ 彼女は周りから「女性は愛嬌。笑顔を忘れたら絶対ダメ」と言われて育ちました。でも、がんになって笑えなくなり、「こんな私は生きている価値がない」と思った。そんなとき「笑えなくなっても、あなたのことが大好き。どんなに不機嫌でも、あなたのことが好き」と言ってくれた友達がいたとか。このとき、「家族の他にそこまで受け入れてくれる人がいるなんて、実は、私は幸せなんじゃないか……」と自分が愛おしくなり、「笑顔が出せない自分でも良いんだ」と初めて思えたんだそう。すると、なんと次の検査でがんが消えていたというのです。今は、病気も治って彼女は講演で全国を飛び回っています。これは、『人生に悩んだら「日本史」に聞こう』（祥伝社）という本を一緒に書いた白駒《しらこま》妃登《ひと》美《み》さんの実話なんです。まさに、病気はありのままの自分を受け入れることができる「ギフト」を持ってきてくれたのですね。病気がくれるギフトを受け取ったら、病気は役割を果たして帰ってくれるんじゃないかな。

ケルマ ✦ そうですね。それは真実だと思いますよ。病気と言えば、他にも今人類を悩ませている、いろんな病がありますよね。その一つが鬱です。でも、この鬱や精神的な病が、実はとんでもないギフトをもたらすと僕は考えていてね。芸術的な活動をしている人の中には、こういう病気を体験した人も多くいます。彼らが多くの人に自分の作品で影響を与えるのは、自分の内側に入っていって、人類の「集合無意識」まで到達して、深い内向状態に入り込んだからなんだと考えているんです。

ひすい ✦ 歴史に名を残すアーティストや思想家の方はそういう世界に入り込んだ人たちなんでしょうね。

ケルマ ✦ そうです。その間は、人に会いたいけど、会えない。しゃべりたいけど、しやべれない。途方にくれて「なんで生まれてきたんだろう」という状態になります。でもそれから何かのきっかけで、悶々とした状態から脱出できるのです。ほんのささいなことがきっかけになります。たとえば、誰かの漫画を読んだり、何かの絵を見たり、ある音楽を聴いたり。今僕もいくつか本を書いていますが、誰かがつらい状態から抜け出すきっかけになるようなものを出せれば良いなと思っています。

ひすい✦ケルマさんが病気について60分以上語ってくれたスペシャルインタビューを、僕のオンラインサロン「ひすいユニバ」で無料で聴けるように解放してますので、ぜひこちらのアドレスから聴いてみてくださいね。

https://youtu.be/z3pHZPNBYCI

元号は時空を変えるツール

ケルマ✦アニメと漫画は一番無意識の領域に近いメディアだと思います。身近にあるものだし、世代や国境を越えて、世界に影響を与えます。最近リメイクされた『宇宙戦艦ヤマト』の最後のテーマが「ヤマトとは大いなる和であるから、つべこべ言わず調和せよ」みたいな話でしたね。

ひすい✦「令和」っぽい話になってきましたね。

ケルマ✦そうなんです。「令和」の令は、「美しさ」を表しているそうです。つまり、「美しく調和する」ということです。どう見ても今の世界は、人々がそれぞれ好き勝手やっていて、「学級崩壊」状態です。だから、「みんな仲良く！」みたいなことを言うわけですよ。平成の時代は、みんな言いたいことが言えずに、静かに抑え込んでいた感じがします。だからあちこちで爆発してバラバラになってしまった。でもこれからは、「こうなろう」という一つの指標ができてくると思います。例えるなら、心臓の細胞みたいな感じです。心臓って、実は一個一個の細胞がバラバラに動いています。それらをまとめると、だんだん共鳴し始めて一緒に動くようになるんです。

ひすい◆まさに、それが令和の「和」なんですね。日本みたいに元号があるのは珍しいんですよね？

ケルマ◆珍しいですね。日本は世界の中心となる「大いなる場」なので、日本で起きたことは世界でも起こり、影響を与えます。だから日本は元号によって、世界中に「令和」のメッセージを伝えることができると思います。

ひすい◆元号が変わると、皆が一斉に「時代が変わった」という意識になるから、人々の深層意識を変えやすいタイミングになるんでしょうね。逆にいえば、時代を変えないといけないタイミングで元号が変わるってことでしょうね。

元号が変わったら何が起こる？

ケルマ◆社会が変わるためには、脳が変わらないといけない。社会と脳のシステムは同じなのです。脳が変化し始めたら、社会も変わり始めている。鬱や適応障害の人がたくさん増えているのは、脳の神経回路に大変革が起こっているからですよ。

ひすい◆これからの社会は脳の変化に合ったものになっていくってことですね。

ケルマ◆そう。たとえば、今人々の働く動機が変わり始めています。だから、今までバリバリやってたワンマン社長さんが、「最近の若いやつはたるんでいる。だから鬱になるんだ」とか言っていたのに、自分が鬱になっちゃったりするの。今まで能率と効率でガンガンやってきたけど、そこに価値を見いだせなくなってきているのですよ。

ひすい◆能率と効率はお金が基準の世界で、その結果、「時間」が失われます。だから、僕らは、携帯電話など便利なツールを前よりも得てるはずなのに、なぜか前よりも忙しくなっている。でも、これからはお金よりも「時間」に価値が置かれる世界になる。それは、お金の豊かさよりも、心の豊さに向かうということです。令和の「和」とは、自分の本心を大切にしながらも、周りの人ともちゃんと調和が取れていくこと。自分ばかり優先していると自己中になるし、相手ばかり優先していると自己犠牲になっちゃいますが、この二つのバランスが取れた、豊かさの道を模索していくのが「令和」じゃないでしょうか。

ケルマ◆僕もそうなっていくと思いますね。個人がイキイキしながら全体と調和する状態を、「高シナジー」といいます。シナジーは、ギリシャ語で「調和」の意味です。昔はシナジーが低く、「個を殺してみんなに合わせなさい」という時代でした。五人組制度みたいに、誰かが問題を起こしたらみんな処罰された。でも「低シナジー」の状態が続くと、反発が起こり、個が暴走してみんなに迷惑をかけます。ただ「高シナジー」の状態なら、自分がわがままにやりたいことをやっても、みんなと調和します。実は自然界はシナジーが高いんですね。だって、ライオンはライオンのままだし、うさぎはうさぎのままだけど調和していますよね。

ひすい✦確かに。体も同じですよね。心臓とか肺とか別々の臓器が、全体と調和して、健康が維持されている。

ケルマ✦そうそう。実はがんも、「低シナジー」の反応です。個の細胞が暴走して、全体に迷惑をかける。がんになる人の多くは、自分を押し殺してみんなに合わせていて、シナジーがすごく低い状態です。だから体の中で、「がん」として反発が起こるわけです。

ひすい✦同じことが、ミクロ（体内）でもマクロ（社会）でも起こると。

ケルマ◆そうですね。低シナジーの反発は「犯罪」という形になって、外に出てくることもあります。だからシナジーを上げることが大切です。シナジーを上げるためには、自分が心底したいこと、やりたいことをやること。一人ひとりが本当にやりたいことを実行していけば、世界全部と調和していきます。

ひすい◆最近、「自分のしたいことがわからない」という人が多い気がしますね。

ケルマ◆自分の根っこを取り戻さないといけません。そこで必要なのが、さっきの内向状態です。落ち込みまくって「何したら良いかわからーん」ってなることです。この世界は安定した状態が長く続くと少しずつ停滞していきます。そこで、病や争いなどの大きな打撃によって一度不安定になる必要があるんです。世界は不安定になると、自ら新しいシステムをつくろうとします。すると、進化が起こるんです。生物は進化すると、自由や喜びがもっと深まります。だから進化するにしたがい、生きる喜びや自由がどんどん増していって、やがては地球からも脱出するようになるでしょうね。

ひすい◆創造と破壊。新しく創造するには、その前に破壊が必要だってことですね。

ケルマ◆そうですね、でも生物は生まれながらに、維持しようとする力と変化しようとする力、相反するものを持っています。初めから矛盾していますからね。

ひすい◆そもそも人間が生きるために普段している行動が矛盾にあふれていますよね。「呼吸」は吸うと吐く、真逆の行為が必要だし、「歩く」のも右足出したら、左足出さないと前に進まないですからね。

ケルマ◆まあ、一番の矛盾は男と女ですけどね（笑）。

ひすい◆確かに（笑）！

「ふと」思うことを大切にする

ひすい◆SNSとかって、まさにみんながワーッて主張している世界だと思いますけど、うまく付き合っていくコツってあるんでしょうか。

ケルマ◆SNSは個人の被害妄想で書いている人もいるわけですよね。勝手な思い込みや、自分で確認していないことばかりで、結局中身はからっぽです。ただの雑音ですから。惑わされる必要はないと思います。そんなものより、自分の中で「ふと」思ったことのほうが正しいことです。正しいことは自分の内側にあります。

ひすい◆ケルマさんがやってるSNSは、ミクシィだけですもんね（笑）。

ケルマ◆ラインもツイッターも、フェイスブックも一切していません（笑）！

ひすい◆でも、ミクシィって意外とコアな層が残っていて、一周回って逆に今が良いのかもしれませんね。

ケルマ◆いろんな情報がごちゃごちゃあっても、人はふと「これは必要かな」ってわかるわけですよ。たとえば、ひすいさんの本を見て、気になって買う人がいるわけですよね。僕はひすいさんの『あした死ぬかもよ？』（ディスカヴァー・トゥエンティワン）が一番好きなんですよ。

ひすい◆ありがとうございます。どこが好きなんですか？

ケルマ◆実は、表紙の絵が一番好きなんです（笑）。

ひすい◆そこ（笑）？

ケルマ◆でもそれが大事。実際に本を読むと、正しいことが書いてあると感じます。

直感って、根拠もへったくれもなくて、「なんかわからないけどそう思う」みたいなことです。自分のアンテナにひっかかったものを信じれば良いのですよ。

ひすい◆自分を愛するって、ふと思ったことを大切にしてあげることだといえますね。

時空を操るヤバい人々

ケルマ◆岡山にトーマさんという、面白いおばちゃんがいましてね。70歳近いんですが、純粋な乙女のような人です。ある日、彼女が庭に出たら、四つ葉のクローバーがあったから「じゃあみんな四つ葉のクローバーになって」ってお願いしたらね。次の日全部四つ葉になっていたそうです。その後も五つ葉、六つ葉……ってどんどん増えて、最後は八つ葉になりました。それから、彼女が人にあげた絵がフォトショップで加工したみたいに変わってしまったこともあったそうです。驚くことに、こうやってときどき時空を変えちゃう、おばちゃんたちがいるんです。おばちゃんたちはスゴい力を持っているんじゃなかろうかと。

ひすい◆無敵ですね、時空を変えるおばちゃんたち（笑）。

ケルマ◆おばちゃんは常識を超越していますからね（笑）。前に、魔法の薬をつくるワークをやったんです。ラベンダーのオイルやココナッツを混ぜて、それぞれが想いを込めて、「この薬は○○に効く」と設定しました。トーマさんがつくった薬を人に試したらね、治っちゃったそうです（個人の感想です）。

ひすい◆おばちゃん無敵説（笑）！

ケルマ◆この現実を変えちゃう、つくっちゃう力を「クリエーション能力」と名付けました（笑）。神に匹敵する力を持つ、おばちゃんたちが結構いるというね。

ひすい✦おばちゃんは本当に強いですよね。前に、おばちゃんたちとお話ししていたら、そのうちの一人が、「お陰様で、うちは旦那が早く亡くなったから、家事しなくて良いのよ」と言い出して（笑）。ご主人が亡くなったことを「お陰様」って（笑）。おばちゃんはスゴいなって思いましたね。

ケルマ✦ゴーイングマイウェイですよね（笑）。おばちゃんたちの話を聞くと、「本当にこの世界どうなっているの」と思うこといっぱいあるよ！　生まれたばかりの赤ちゃんの目玉が取れたのを元に戻したとか。小さいときに鎌で指を切り落としちゃったけど、くっつけて一晩たったら治ったとか。くっつける位置を間違えてちょっと歪んだっていうのもありますよ（笑）。この世界って幻みたいなものなのかもしれません。これからは、おばちゃんみたいに、ガチガチに固まった社会の常識をぶっ壊すようなファクターがあっても良いと思います。

ひすい✦頭が固い人だとなかなか常識から離れられませんよね。現実に対していつも深刻になっていますし。つまり、それは現実に負けているってこと。でもおばちゃんたちは、現実を笑い飛ばして、常識を無視して自分ルールで豪快に生きている。それは現実に負けてない、いやむしろ現実に勝っているってこと。つまり、おばちゃんたちは時空より上の存在です（笑）。

ケルマ✦そうですね。もはや神ですよね（笑）。

ひすい✦やっぱり、自分は時空に対して上にいるっていう意識がないと、時空は変えられないですよね。

ケルマ✦もちろんです。おばちゃんだけではなく、中学2年生くらいの女の子も同じような力を持っていますね。彼女たちがテレビでアイドルかなんかを見て「これ絶対ヒットするわ。なぜって私がそう思うからよ」とか言うと、本当にヒットするんですよ。もしかして、女性にはもともと世界の中心となりうる素質があるのかも。大人になって社会に出たり、彼氏ができたりすると、とりあえず周りに迎合するけど、子どもを産んだ後、突然本来の機能がまた出てくるんですよね。

「認識」をリニューアルしよう

ケルマ◆時空を変えるポイントとして、「想い」とか「言葉」があります。「想い」が出て「言葉」になります。すると「想い」がより強くなるんですね。「よくもクリリンを」とか「これはヤムチャのぶん」みたいに（笑）。

ひすい◆ケルマさんは、いつもたとえが最高です（笑）。また、「想い」の前に「認識」もありますよね。たとえば、会議に遅れてきた人にイラッとするのは、自分の中に「遅刻しちゃいけない」っていう「認識」があるからです。ボリビアに留学した友人によると、ボリビアでは待ち合わせの時間に相手が来なくても、「他に優先したいことができたのだろう」で済むらしいです。「遅刻しちゃいけない」という認識がないからイラッともこない。沖縄でも、みんな集合時間に来るんじゃなくて、集合時間に家を出るんですよ。「沖縄時間」というものがある。

ケルマ◆僕がよく行く出雲でも「出雲時間」っていいますよ。

ひすい◆彼らは遅刻しちゃいけないという「認識」がないから、遅れて来る人に優しいんですよね。「認識」が変わると、生じる「想い」も「言葉」も変わる。だから、時空を超えるためには、まず「認識」を広げることが大事だと思います。自分の「認識の限界」が、自分の「時空の限界」だから。つまり、宇宙や時空は、本当は自分の内側にあるといっても良いんだと思います。そして、この認識を広げるのに最適なのが、ケルマさんのお話なんですよね。

「呪い」をあびちゃったときの対処法

ひすい◆生きていればありとあらゆることが起こりうるわけですが、たとえ呪いみたいな言葉をあびてしまっても、面白がったり、笑ったりしたら勝ちだと思いますね。深刻になった時点で、そのエネルギーに負けちゃっています。

ケルマ✦僕も、笑ったら勝ちだと思います。

ひすい✦樹木希林《ききききりん》さんも「楽しむのでなく、面白がること」と言っていますね。苦しいことって楽しめないけど、面白がることならできる。「呪われちゃった」って笑った瞬間に、その事象より上にいると思うんですよ。たとえば、僕の友人がイベントで、自分の師匠の浴衣を間違えて自分で着ちゃったことがあったんです。師匠に「お前が着ているやつ、俺の浴衣じゃないか！」って怒られてからやっと気づいて。そしたら、友人は咄嗟《とっさ》に「こんな自分、可愛い！」と言って自分を抱きしめたんです（笑）。間違った自分を責めるのではなく、間違った自分を可愛いと愛おしんじゃった。そんな彼はみんなにめちゃめちゃ愛されていて、NPO法人メイクハッピーの代表をつとめています。ダメな自分を笑えたら、もう満点です。

ケルマ ✦「笑い」って、その場を変えちゃうんですよね。『となりのトトロ』で、暴風の日に、子どもたちが「おうち壊れちゃう」って深刻になりかけたとき、お父さんが「みんな笑え」っていう場面があるじゃないですか。「笑い」の気を発すると、エネルギーが変わります。たとえるなら呪いの家みたいな、気が悪い場所では音は響きません。ですが、パンパーンと大きく手をたたいてワーッと笑うと、だんだん音がクリアに響くようになるのです。笑うのが、一番力があります。

ひすい ✦「笑い」は一番簡単にできる予祝でしょうね。神社の「お祓い」の「祓う」の語源は「笑う」だという説もあるくらいですからね。

何があっても、「これで良いのだ」

ケルマ ✦それからね、言葉とアクション、つまり行動って大事ですよ。どう考えたって、直立不動で歌う『YONG MAN（Y.M.C.A.）』とか、だめでしょ（笑）。

ただ、実際にやるのは、わかっていることだけで良いんです。悩む人ってね、わかってないのにやろうとします。わからないことはやらなくて良い。わかることだけやっていけば、勝手につながっていきます。たとえば、外でたまたま友達に会って、「ジャガイモたくさんあるからあげる」ってもらう。そこへ別の友達が、「ニンジンとタマネギあげるわ」とやって来る。それからまた別の友人がきて、インド人の友達を紹介してくれる。「じゃあみんなでご飯食べよう。何にする？」ってなったら、もう出る結論は一つですよね！

ひすい✦華麗なまでに、カレー一択ですね（笑）。

ケルマ✦この世界には物事を整列させる力や、形にしていく力があるようです。だから自然にできることをやっていったら、勝手に形になるんです。つまりね、何が起こっても、「これで良いんじゃないか」ということです。

ひすい✦バカボンのパパの「これで良いのだ」ですね（笑）。

ケルマ✦そう（笑）。いろんなことがあっても現状を全面的に肯定するということです。

ひすい✦「これで良いのだ」と思えたとき、現実に負けていない。つまり、現状にも時空にも勝っているわけですからね。

ケルマ✦「これで良いのだ」。そう思えた時点で、世界は変わっちゃっていますね。読者のみなさんもこの本を読まれた後、わかることやできることから始めてもらえたらと思います。

ひすい✦「これで良いのだ」と現実を受け入れて、今できること、今わかることからやっていく。実にシンプルで良いですね。最高の未来への扉は、いつも、今ここにあったわけですね。人生の当たりは目の前にあった！　それが本当の「当たり前」ですね。

超常コラム 5 時空Q&A

Q 「引き寄せ」って本当にあるんですか?

A 引き寄せているというより、時空が変わっているのかもしれませんな。ある女の子が『ルパン三世カリオストロの城』に出てくる、「フィアット500」という車に興味を持ちました。そしたら、町でやたらとフィアットを見るようになったのです。実は30年以上も前に製造中止になったのに、突如復活したそうです。やはり情熱というか、ワクワクするのって大事ですね。時空を変える鍵ですな。

おわりに

地球は今、有史以来の変動期に入りつつあると、多くの生物学者たちは考えています。人類最古の学問である占星術的にいうならば、人類の意識も、大変化の時期に入りつつあるのだよ。

占星術によれば、２０２４年の11月20日より、人類の意識はいまだかつてない状態にシフトしていくというのだね。

過去数千年間、人類の意識は「物質」に囚われていたのだがね、これからは、まったく違う価値観へと変わっていくのだ。つまり、人類の進化が起こりつつあると、私は考えるのです。

だから、この本を改めて出すことにしたのですよ。

今の世界の大混乱は、変化のための「生みの苦しみ」なのかもしれないよ。

やがては、消えていくからね。

大丈夫だよ。
進化の現れとして、テレパシーや共感といった機能が著しく発現し、きっと今後は、戦争や格差はなくなっていくのだろうね。
そして人類は、多次元世界を認識できるようになるのです。つまり、目に見えない世界を認識できるようになるのだよ。今まで認識できなかった知的存在とも、交流可能となるだろうね。

もちろんみなさんは、私の言葉を信じる必要はないのだ。だが、今が激動の時代だというのは、感じているんじゃないのかな。
そんな激動の時代に、奇妙な縁で出会った青いターミネーターこと、ひすいこたろうさん。いつも、ありがとうございます。

さて、私は震電のプラモでも、Amazonでポチろうかね。

ケルマデック

参考図書

●『自己組織化する宇宙』エリッヒ・ヤンツ著（工作舎）

●『糸川英夫の頭を良くする法』糸川英夫著（ロングセラーズ）

●『サイエンティスト―脳科学者の冒険』J・C・リリー著（平河出版社）

●『スーパーネイチュア』ライアル・ワトスン著（蒼樹書房）

●『口語聖書』（日本聖書協会）

●『日本人の脳―脳の働きと東西の文化』角田忠信著（大修館書店）

●『姓名判断　決定版―文字の霊が、あなたの運命を左右する』野末陳平著（光文社）

●『ホピ　宇宙からの予言―神・人・宗教の原点』ルドルフ・カイザー著（徳間書店）

●『ユング自伝1―思い出・夢・思想』カール・グスタフ・ユング著（みすず書房）

●『アカシャ年代記より』ルドルフ・シュタイナー著（国書刊行会）

●『ドクター・ドルフィンのシリウス超医学　地球人の仕組みと進化』松久正著（ヒカルランド）

●『本当にあったちょっと不思議な話』南山宏著（学研プラス）

ケルマデック

超常現象や宇宙など、世界のあらゆる不思議な出来事を愛する超常戦士。心理学や物理学などを取り入れたさまざまなアプローチによって、人々が「自分自身で奇跡を起こす」ためのサポートをしている。地元の鳥取を拠点に、コイン占いやタロットを取り入れた、独自のセッションやワークショップを 30 年以上行う。その他、クリスタルボウルの演奏会や自然農業フォーラムの開催、イラストレーターとして個展を開くなど、活動は多岐にわたる。

本書は『時空の超え方』（総合法令出版刊）を加筆、修正したものです。

パラレルワールドの歩き方
認識が変われば未来が変わる!?

2024年12月19日　初版発行

著　者　ケルマデック
発行者　野村直克
発行所　総合法令出版株式会社
〒103-0001 東京都中央区日本橋小伝馬町15-18
EDGE小伝馬町ビル9階
電話　03-5623-5121
印刷・製本　中央精版印刷株式会社

落丁・乱丁本はお取替えいたします。

ISBN 978-4-86280-975-9
総合法令出版ホームページ http://www.horei.com/